体育场馆赛后经营管理的创新研究

王 辉 著

吉林大学出版社
·长春·

图书在版编目（CIP）数据

体育场馆赛后经营管理的创新研究/王辉著.
长春：吉林大学出版社，2024.11. — ISBN 978-7-5768-4223-4

Ⅰ.G818

中国国家版本馆 CIP 数据核字第 2024711GN6 号

书　　名	体育场馆赛后经营管理的创新研究
	TIYUCHANGGUAN SAIHOU JINGYING GUANLI DE CHUANGXIN YANJIU
作　　者	王　辉
策划编辑	王宁宁
责任编辑	王默涵
责任校对	赵黎黎
装帧设计	程国川
出版发行	吉林大学出版社
社　　址	长春市人民大街 4059 号
邮政编码	130021
发行电话	0431－89580028/29/21
网　　址	http：//www.jlup.com.cn
电子邮箱	jldxcbs@sina.com
印　　刷	吉林省极限印务有限公司
开　　本	787mm×1092mm　1/16
印　　张	14
字　　数	186 千字
版　　次	2025 年 6 月第 1 版
印　　次	2025 年 6 月第 1 次
书　　号	ISBN 978-7-5768-4223-4
定　　价	78.00 元

版权所有　翻印必究

前 言

随着社会的不断发展与科学技术的不断进步，全民体育已经成为体育领域不断推进的首要目标。体育场馆是我国开展竞技体育的物质基础和发展体育产业的重要载体。体育场馆前期建设投资大，后期运营成本高，加上投资成本回收慢，使体育场馆极其容易陷入经营困难的局面，这也是各国体育场馆经营管理面临的一个共性难题。我国虽然在体育场馆建设以及运营管理过程中取得了很大的进步，但是仍然处于发展的初级阶段，管理方式亟须创新，才能更有效地发挥其作用。

本书先总述体育场馆管理，之后探讨体育场馆经营与管理模式、体育场馆多功能利用、体育场馆营销管理、人力资源管理、设备管理、配套设施的设置与管理、大型赛事的运营，进而寻求体育场馆经营管理的新发展，最后分析了"十四运会"后体育场馆的赛后经营管理，为促进当下体育场馆的健康发展提供有益的参考。

作者在撰写本书的过程中参考了很多与体育场馆管理相关的研究资料，以及一些体育场馆管理的成功经验，在此表示衷心的感谢。由于经验和水平有限，书中难免有疏漏之处，敬请读者批评指正。

王　辉
2024年5月

目 录

第一章 体育场馆管理 ……………………………………………… 1
  第一节 体育场馆管理概述 …………………………………… 1
  第二节 体育场馆的经营管理模式 …………………………… 4
  第三节 体育场馆经营管理实务 ……………………………… 8

第二章 体育场馆经营与管理模式 ……………………………… 22
  第一节 体育场馆经营与管理模式的社会环境 ……………… 22
  第二节 体育场馆经营与管理的基本模式 …………………… 28
  第三节 体育场馆经营与管理模式的基本特征 ……………… 38

第三章 体育场馆多功能利用 …………………………………… 47
  第一节 体育场馆多功能利用的基本概述 …………………… 47
  第二节 体育场馆多功能利用存在的问题 …………………… 56
  第三节 体育场馆多功能利用的具体内容 …………………… 62
  第四节 体育场馆多功能利用的总体目标、原则和途径 …… 74

第四章 体育场馆营销管理 ……………………………………… 81
  第一节 体育场馆营销管理概述 ……………………………… 81
  第二节 体育场馆营销组合策略 ……………………………… 93
  第三节 体育场馆营销管理方式 ……………………………… 102

第五章 体育场馆人力资源管理 ………………………………… 115
  第一节 体育场馆人员结构及人员需求 ……………………… 115
  第二节 体育场馆人员的招募与培训 ………………………… 120
  第三节 体育场馆人员的考核与职业发展 …………………… 134

第六章 体育场馆的设备管理 ………………………………… 144
第一节 体育场馆设备管理概述 …………………………… 144
第二节 体育场馆设备系统及常规维护与保养 ……………… 149
第三节 体育场馆设备管理的要求 ………………………… 151

第七章 体育场馆配套设施的设置与管理 …………………… 159
第一节 体育场馆配套设施的设置 ………………………… 159
第二节 体育场馆配套设施的设置方法 …………………… 162
第三节 体育场馆配套设施的经营方式 …………………… 168
第四节 健身房及配套设施的设置 ………………………… 171

第八章 体育场馆大型赛事的运营 …………………………… 175
第一节 体育赛事的总体计划 ……………………………… 175
第二节 体育场馆赛事营销技巧 …………………………… 178
第三节 体育场馆赛事后勤保障 …………………………… 181

第九章 体育场馆经营管理的新发展 ………………………… 193
第一节 体育场馆运营发展趋势 …………………………… 193
第二节 体育场馆建设前重视赛后利用 …………………… 194
第三节 体育场馆的设计理念 ……………………………… 199
第四节 大型体育场馆的赛后运营 ………………………… 203

第十章 体育场馆赛后经营管理——以"十四运会"为例 …… 205
第一节 大型体育场馆赛后开发利用的意义 ……………… 205
第二节 "十四运会"场馆赛后开发和运营 ………………… 209
第三节 "十四运会"赛后体育场馆运营问题分析及策略研究 ……
………………………………………………………………… 210

参考文献 ……………………………………………………… 215

第一章　体育场馆管理

体育场馆是体育竞赛、训练以及健身娱乐活动的载体，为体育运动的发展提供了重要的物质保障。体育场馆管理有助于满足大众的健身娱乐需求，为运动训练、竞赛提供更好的服务，促进体育产业的发展和城市功能的完善。因此应加强体育场馆管理，不断提高体育场馆的经营管理水平。本章主要从体育场馆管理概述、体育场馆经营管理模式及实务等方面展开对体育场馆管理的研究。

第一节　体育场馆管理概述

一、体育场馆管理的概念

（一）体育场馆管理

体育场馆管理指的是为促进工作效率的提高，实现体育场馆管理目标，执行体育场馆经营职能而进行的计划、组织、协调、命令、控制等过程的总和。

（二）体育场馆经营管理

体育场馆经营活动与体育场馆管理活动密不可分，所以，通常把体育场馆经营和体育场馆管理合称为体育场馆经营管理。

体育场馆经营管理指的是经营管理主体充分利用体育场馆设施条件、人力资源和环境，发挥体育设施的作用，通过实施经营管理职能，有组织地开发利用体育场馆的有形资产和无形资产，使体育场馆良性运转，使预期经济效益和社会效益得以实现，同时使体育教学、运动训练、运动竞赛和群众体育等活动的开展得到有效保障，使社会公众体育需要得到满足的活动。

二、体育场馆管理的特征

（一）管理对象的差异性

体育场馆面向全社会开放，不仅要组织日常活动，还要以体育场馆自身功能为依托不断举办商务、休闲、娱乐、竞赛等活动，可见体育场馆的受众范围非常广泛，不同的受众各有自己的特征，因此说体育场馆的管理对象具有明显的差异性。

体育场馆管理对象的差异性要求管理者在管理过程中，对不同参与者的需求进行分析，有针对性地组织活动，使活动内容与组织形式符合参与者的身心特点和需求，使参与者的需求得到充分的满足。

（二）管理方法的灵活性

体育场馆管理中，管理系统完成管理任务是场馆顺利运行的基本保障。管理系统能否产生整体效应，主要由各种管理方法的综合运用程度决定。但是，是否能够在管理实践中实现管理方法的整体效应，主要看管理者能否灵活地运用管理方法。也就是管理者是否能够从实际出发，针对管理对象的具体情况和管理环境的变化对各种经营管理方法进行灵活运用。

在体育场馆日常活动中，场馆周围的居民是主要参与者。由于这些参与者参与活动具有一定的随意性，因此在时间、天数、年龄和性别等方面都不确定。如果是举办体育赛事等其他活动，在参与时间、人员等方面就有一定的固定性或规律性，而且活动环境、背景是不变的。灵活运用管理方法，不仅能够不断地增强人们的健身意识提高身体素质，还能够促进体育与经济、社会的协调发展，从而使体育场馆获得良好的经营效益。

（三）管理环境的多样性

体育场馆管理受环境的影响和制约。良好的发展环境是体育场馆健康高效运行的保障，社会、文化和自然环境是影响体育场馆运行管理的主要环境因素。

①体育场馆是在社会这个"大环境"中生存与发展的，为体育场馆的运行提供了可能性，具体包括政治环境和经济环境两个要素。体育场馆的基本性质、根本任务以及发展的宏观方针政策主要由政治环境决定，而体育场馆的运行水平、质量主要由经济环境决定。

②体育场馆活动参与者健身观念的形成、健身方式的选择主要受文化环境因素的影响。

③影响体育场馆管理的自然环境主要包括场馆的地理位置、交通状况等具体因素，这些因素对体育场馆的可持续运行及发展有直接的影响。

随着社会的不断进步与经济的蓬勃发展，体育场馆管理环境也呈现出新的变化和发展趋势，其多样性的特点日趋凸显。在研究影响体育场馆管理的环境因素时，应将环境多样性的特点充分考虑进来，针对各方面的影响因素做出准确判断，找准定位，促进体育场馆管理质量的提高。

(四) 管理形式的复杂性

体育场馆管理系统包含管理主体和管理客体，前者主要包括管理者和管理机构，后者主要包括被管理者、物、财、信息等，二者之间通过制度、机构等中介发生联系。在管理人力、物力、财力和信息的过程中，不同的主客体要素都会包含其中。由于体育场馆管理具有能级性、层次性，所以在一定范围内，管理主体与客体处于动态变化之中。在某些条件下，主体向客体转变，客体向主体转变的现象都有可能发生，或同时兼有主客体双重身份，这就使得体育场馆的管理形式更加复杂。

三、体育场馆管理要素

体育场馆管理要素主要包括以下三个部分。

(一)管理主体

体育场馆管理主体指的是参与体育场馆管理活动的管理者、内部员工、专业服务人员,体育场馆经营管理活动的结果受这些主体的主观能动性的影响。

(二)管理客体

体育场馆管理客体包括场馆的有形资源和无形资源,前者包括场地、设施、产品等因素,后者包括品牌、声誉、商标、技术、专利等因素。

(三)管理环境

体育场馆管理环境包括内环境和外环境两个要素(见表1-1)。

表1-1 体育场馆管理环境

体育场馆管理环境分类	具体因素
内环境	制度环境
	文化环境
外环境	政治环境
	经济环境
	法律环境
	技术环境
	自然资源环境
	社会公众环境
	行业发展环境

以上体育场馆管理要素间需有机协调才能产生好的管理成果,从而实现体育场馆管理活动整体利益的最大化。

第二节 体育场馆的经营管理模式

一、体育场馆经营管理模式的概念

体育场馆经营管理模式指的是体育场馆经营企业根据企业的经营管

理宗旨，为实现体育产业所确认的价值定位，采取的方式方法的总称。

由体育场馆经营管理模式的概念可以看出，体育场馆经营管理模式包含下列三个含义。

①确定体育场馆企业应实现什么样的价值，也就是在体育产业链中的定位。

②确定体育场馆企业的业务范围。

③确定体育场馆企业如何实现价值。

二、体育场馆经营管理的常见模式类型

现阶段，我国体育场馆经营管理中常见的模式主要有以下几种类型。

（一）自主运行模式

1. 自主运行模式的概念

自主运行模式指的是由国家投资建设体育场馆，并设立相应的事业单位对体育场馆实施管理，开展自主运行的模式。

2. 自主运行模式的特点

在自主运行模式中，体育场馆管理者直接参与场馆的日常经营活动，场馆聘请专职或兼职的市场经营人才，积极采取多种手段（电子商务、广告、会员制、俱乐部等）开展营销工作。自主运行模式的表现在以下几方面。

①通过开源节流、厉行节约、降低经营成本提高经营实效。

②通过加大市场开发力度，扩大经营范围，开展新业务提高规模效益。

③通过对经营项目结构进行调整，满足大众体育的需求。

④通过转变经营方式提高经营效果。

⑤通过分配制度的改革，建立利益激励机制。

⑥通过改革人事制度，对人力资源与其他经济资源进行开发与组合来优化资源配置。

3. 自主运行模式的优势

体育场馆能够向大众提供公共体育服务。具体来说，自主运行模式的优势主要体现在以下几方面。

①体育场馆直接开发经营体育项目，统筹规划体育场馆的各种设施、资源，因而能够最大化的实现经济效益，取得最优的社会效益。

②直接经营便于对各种训练和比赛工作的对接，能够使对外开放封闭训练或承办赛事等有序进行。

③体育场馆员工的体育活动组织管理经验较为丰富，通过直接经营体育活动，员工经营管理能力可得到进一步提高，从而为我国体育事业的发展提供更多的专业人才。

（二）合作经营模式

1. 合作经营模式的概念

合作经营模式是指体育场馆以土地、房屋或其他设施作为投资品，其他投资者以现金、设备、管理等作为投资品合作经营某项体育的经营形式。

2. 合作经营模式的特点

合作经营模式的特点在于通过合作、合资的方式对体育场馆经营过程中存在的资金缺乏等问题进行解决与处理。合作经营的双方或多方以有限责任公司的组织形式将各方的投资风险和收益明确下来，并按各方的股份比例进行分成。合作经营模式促进了利益共享、风险共担的经营机制的形成。体育场馆在选择合作对象时，某一行业知名度较高的企业是首选，这有利于利用企业的品牌效应提高体育场馆的知名度和经营业绩。

（三）委托管理模式

1. 委托管理模式的概念

委托管理模式指的是政府或政府授权的部门通过公开招标等市场机制，遵循效率最高、成本最低的原则，将体育场馆的管理权委托给专业机构，由该机构提供社会公共服务的模式。

2. 委托管理模式的特点

在委托管理模式中，场馆的所有权与经营权是分离的，通过公开招标等形式将整体经营权外包给社会机构，设备维护、员工聘用等场馆经营管理中的一切事宜由受托机构负责。在场馆整体外包时，政府部门往往会给予一定的优惠政策。

3. 委托管理模式的优势

在委托管理模式中，管理方直接对委托方负责，而且必须以委托方的要求为依据向社会大众提供公共体育服务，委托方可以监督检查管理方的工作。在该模式中，管理方的经济收益源于委托方支付的委托管理费，委托方的经济收益主要来源于管理方获得的场馆经营的全部收入。这种模式相当于政府购买公共服务。所以，在这一模式中，体育场馆的公益属性得到了良好的保留，市场机制作用得到了充分发挥，与传统管理模式相比，管理成本较低，管理效率较高。也正因如此，这一模式在我国市场化程度较高的地区受到普遍认可。

(四) 服务外包模式

1. 服务外包模式的概念及本质

体育场馆服务外包模式指的是场馆管理部门通过与外部企业签订合约，将非核心业务外包给外部企业，利用外部专业化管理团队为自身提供所需的服务内容，以达到降低运营成本、提高运营效率、增强场馆核心竞争力及环境适应能力目的的管理模式。在选择外包企业时，成熟、高效的专业管理机构是首选，这些机构可以提供更为专业化的服务。

2. 服务外包模式的意义

通过服务外包能够降低成本，对资金及人力资源进行充分整合，集中精力促进竞争优势较大的场馆整体产业的发展，提高场馆的整体管理绩效。此外，外包服务还能够使无赛期工作人员闲置、冗员严重等问题得到有效的解决。

3. 服务外包模式的形式

体育场馆服务外包主要有以下四种形式。

(1) 横向服务外包

体育场馆管理部门通过承包或外包，整合场馆自身的经营资源与外部企业的资源，从而扩大自身经营范围。

(2) 部分服务外包

体育场馆管理部门与民间组织签订外包合同，转移保安、保洁、餐饮等部分对外供给的公众服务内容。

(3) 场馆设备维护外包

体育场馆管理部门将场馆设施维护工作（全部或部分）外包给其他专业公司，以降低设备维护成本，促进设备维护绩效的提高。

(4) 场馆建造合同外包

体育场馆建造业主从自身需要出发，通过法人招标等将场馆设计、材料采购、场馆建造等事项外包给其他专业公司，目的是将建设周期缩短、自身风险降低。

第三节 体育场馆经营管理实务

一、体育场馆经营实务——以承办大型赛事为例

(一) 承办大型赛事的总计划

1. 总计划的内容

在制订承办大型赛事的总体计划时，需包含以下几项基本内容。

①赛事名称及组织机构。

②赛事背景与"亮点"。

③赛事主题与指导思想。

④赛事内容、规模与安排。

⑤赛事资源与取得资源的方法。

⑥整个赛事中的大型活动、主题活动、相关活动。

⑦其他相关内容。

2. 总计划的注意事项

（1）目标明确

在大型赛事总计划中，各部分内容的实施要以目标为基准。如果没有目标或者目标不明确，总体计划将只能流于形式，无法真正实施。明确目标则有助于为总计划的实施提供方向。

（2）内容全面

在大型赛事总计划中，要涉及或体现出与赛事运作管理相关的各部分工作内容，不可遗漏。体育赛事的运作管理是一个系统庞杂的工程，需协调好各方面的工作。在总体计划中如果遗漏或忽略了任何一方面的相关工作，将导致计划实施阶段出现成本增加、协调困难等问题，甚至出现重大的难以补救的失误。

（3）进度合理

在制订大型赛事总体计划时，制订具体的工作进度是最关键的环节，工作进度必须科学、合理、高效。在工作进度安排中，要学会运用项目管理技术将需要完成的任务清单详细列出来，对要完成的任务顺序进行确定，将时间分配好，指定完成日期。此外，在安排工作进度时要预留一定时间，以便在遇到不可预料的问题时可以灵活应对。

（4）责任明确

制订大型赛事总体计划后，需要实施执行，赛事的计划只有落实到具体的责任单位或责任人才具有现实意义。在总体计划中，应将各部分工作的责任单位或者责任人具体列出来，并将具体的联系方式（电话、电子邮箱等）标出。这体现了体育赛事总体计划的严谨性，也有利于在实施计划的过程中进行高效的沟通与协调。

（二）大型赛事的申办程序

大型体育赛事的申办程序分以下三步。

①某些城市提出申办大型国际体育赛事的请求后，由国际体育组织对这些城市进行初步考查。经国际体育组织筛选确定后的城市才可以进入下一轮竞争。

②获得申办陈述资格的城市正式成立申办报告团，到达指定地点当

面向国际体育组织全体委员进行陈述。

③国际体育组织成员通过投票的形式选出最终胜利者。

大型体育赛事的申办程序看似简单，实质上包含了非常复杂的内容与工作，因此不可懈怠。

二、体育场馆人事管理

(一) 人员招聘

1. 人才招聘计划的制订

首先要分析体育场馆目前的岗位需求情况，具体从以下几方面展开。

①运用员工调查表对员工个人和分布情况的信息进行全面收集。

②依据岗位的不同类型做简单汇总，从而了解人员分布情况，结合历史数据将人力资源配置方案初步确定下来。

③依据调查信息进行深入的分析，对人员需求清单进行拟定。

2. 招聘信息发布计划的制订

信息发布计划由招聘阶段计划（见表1-2）和发布渠道计划（见表1-3）两部分组成。

表1-2　企业招聘阶段计划表

顺序	招聘阶段	时间（天）
1	发布信息，预约面试	6
2	预约面试，面试结束	6
3	背景调查，录取审批	6
4	通知人员报到	13
5	组织新员工培训	15
总天数		46

表1-3 企业招聘信息发布渠道计划表

渠道	说明	注意事项
现场招聘会	人才中介机构组织多家单位参加的招聘会	在招聘会前做好充分准备，准备好会上所用资料和相关设备，熟记应聘时可能被问到的问题
校园招聘	企业在各大院校开展招聘活动	学生缺乏工作经验，需要经过培训才能入职，而且容易产生对工作和企业的不满情绪，因此工作稳定性不高，这就需要企业在校园招聘时进行系统策划，在组织方面付出努力
员工介绍	企业员工引荐适合的亲友来公司应聘	这种方式可以使招聘成本降低，而且目标明确，能够使企业与人才在短时间内互相了解对方
广告	通过报纸、电视、网络等媒体发送企业招聘信息	这种方式影响范围最广，但费用高，需要企业投入一定的人力、物力和财力资源
猎头公司	专门为企业招聘中高级管理人才和重要的专门人才的机构	猎头公司可以帮助企业将甄选人才的第一步工作做好，同样可以使企业减少在时间和人力上的投入，但企业需花费较高数额的费用

3. 组织实施面试

面试一般由以下三个阶段组成。

（1）笔试

笔试主要是对应聘者的文化素质进行考量，笔试有标准答案，成绩合格者进入下一阶段。

（2）初试

初试主要是对应聘者的心理素质、社交能力进行考量，进入复试阶段的人员与最终录取人数的比例为（2~3）∶1。

（3）复试

有关部门领导或企业总负责人对进入复试的应聘者进行面试，通过交谈，面试者对应聘者应聘岗位的适配度进行考量。面试中常问的问题有工作兴趣、目前的工作状况、教育背景、工作适应度等。

此外，因为在体育场馆中有很多技术操作型岗位，所以在考核中，实地操作也是非常重要的考核内容。

通过以上几个步骤，最终确定人选，但人选者不能直接入职，因为面试时应聘者的表现与实际情况可能会有差异，所以要对入选者进行背景调查（如调查入选者的应答是否符合实际情况、是否受到过奖励或处分、人品及职业操守如何等）。

另外，由于体育场馆中服务型岗位有很多，所以全面检查入选者的健康状况也是非常有必要的。

（二）人员培训

1. 新员工培训

对新员工进行培训，需要先制订培训计划，培训计划指的是从组织的整体战略出发，在全面、客观地分析培训需求的基础上对培训时间、地点、主体、对象、内容和方式等进行预先设定。新员工培训内容见表1-4。

表1-4 新员工培训

内容	说明
公司概况	有形的物质条件，如场馆数量和设施设备等；无形的条件，如公司背景、结构、文化、服务内容、发展前景规划等
岗位说明及必备知识	本职位工作范围、工作程序、直属领导等
公司规章制度与政策	公司行政制度、保密制度、考勤制度、福利制度、薪金构成等

2. 在职员工培训

在职员工的培训内容见表1-5。

表 1-5　在职员工培训

培训对象	培训内容
高层领导	高层领导对国内外体育场馆最先进的经营管理理念加以学习、了解，安排高层领导在国内外参观考查，参加行业专家培训、专题讲座、研讨会、论坛等；每年学习交流时间不少于 20 天
中层管理干部	安排中层管理干部参加行业内培训、研讨会，并使其到各地参观交流；每年学习交流时间不少于 10 天
营销人员	营销人员学习最新的营销理论、销售技巧；安排营销人员参与内部经验分享活动，接受营销大师面授
专业技术人员（财务人员、电工、场地工、器材维护工等）	积累更新知识；另外，引进新器材需要维护人员接受培训
其他员工（行政人员、安全保障人员、前台服务人员等）	树立全新的服务理念、安保理念，掌握先进的管理方法

（三）人员薪酬福利管理

1. 设计人员薪酬策略

（1）基础薪酬

对薪酬的 3P，即岗位（Position）、绩效（Performance）和薪酬（Pay）进行准确界定，这有利于促进公司各个方面绩效的提升，现在大多数公司采用这一策略。岗位工资一般是固定的，绩效和薪酬要根据员工的具体实力发放。3P 理论可以帮助公司更好地落实工资自动增长制度，使薪酬制度更加合理透明，从而有利于员工工作积极性的提高。

（2）绩效薪酬

绩效薪酬与员工个人、所属部门和公司的业绩有直接的关系，员工个人业绩所占比例最大。因此通过绩效薪酬能够对员工进行激励，使其不断发挥自己的实力，取得最佳业绩。

（3）等级薪酬

不同工作职位的薪酬等级不同。不同职位有不同的任职资格、工作内容和需要承担的责任，因而薪酬级别也各不相同。即使都是部门经理这一职位，也会因为个人业绩、职业素养等因素而享受不同的工资待遇。因此，一般等级工资都是在一个等级的范围内，这个范围的差额应该在1倍左右。

(4) 学历、职称薪酬

通常而言，学历与薪酬成正比，薪酬随学历的提高而增加，不同职称、学历的人有不同的工资基数。也有企业对员工的教育背景和技术职称并不是很重视，这些企业在薪酬设计上可能不会对这部分因素加以考虑。

(5) 人性化薪酬

人性化薪酬主要指一些福利性津贴，如住房补贴、购车补贴、取暖补贴、用餐补贴、消暑补贴等。

总的来说，基本工资、绩效奖金、岗位津贴、职务津贴、技术津贴、福利津贴这六个部分加起来就是员工薪酬。

2. 员工福利

为了使企业与员工建立"长期契约关系"，企业不仅要合理设计薪酬策略，还要将福利措施有效运用起来。福利体现了企业的人性化管理，有利于提高员工对企业的忠诚度。

一般来说，员工的福利主要有五险（养老保险、医疗保险、失业保险、生育保险、工伤保险）、公共住房基金等社会保障，以及公司股权、期权、奖励旅游等（见表1-6）。

表1-6　主要福利类别

类别	目的	举例
经济性福利	给予员工的额外补助，使员工的负担减轻，进而促进员工工作效率的提高	住房补贴、交通补贴、餐饮补贴、过节费等
设施性福利	为员工提供后勤保障	员工宿舍、员工食堂、阅览室
员工服务性福利	关心员工健康与职业发展，体现以人为本的经营理念	体检和外派进修、疗养
娱乐性福利	增进员工间交流，促进员工身心健康和合作意识的提高；营造良好的工作氛围，完善企业文化	举办运动会、员工生日晚会。组织员工看电影、旅游等
公司特权福利	使员工享受一定的特权，增强员工的企业荣誉感，强化主人翁意识的强化	场馆举办活动的门票、场馆场地免费使用卡（次）、场馆服务项目优惠折扣

第一章 体育场馆管理

（四）人员绩效考核管理

绩效管理是一个持续性的交流过程，员工和其主管之间达成协议才能保证完成绩效管理，在协议中要将员工未来一段时间的工作目标明确下来，并将可能受益的组织、主管和员工都纳入其中。

确定岗位绩效指标是绩效考核管理的关键。确定流程如图1-1所示。

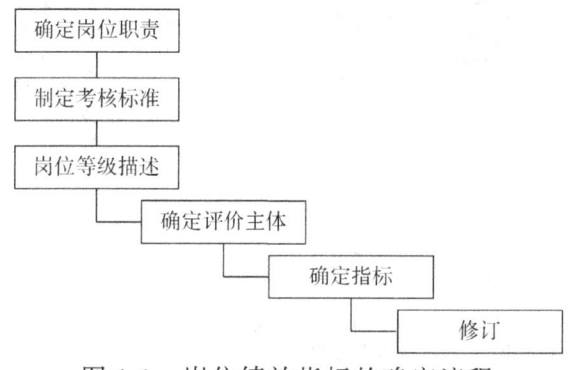

图 1-1 岗位绩效指标的确定流程

1. 确定岗位职责

对岗位工作职责的确定需要先进行工作分析。对主要工作职责进行确定时，必须达到事无巨细，如果有遗漏，就可能影响后面的考核。

2. 制订考核标准

评价员工绩效需要参考考核标准这一标尺，一般以企业年度经营目标落实到员工身上的具体目标和员工的岗位说明书为依据，对考核标准进行制订。考核标准包括关键业绩指标和关键行为标准（考勤制度等）两个部分，前者占70%，后者占30%。

3. 岗位等级描述

这一环节主要是为了对员工的绩效进行客观评估，不同类型岗位等级的描述见表1-7。

表 1-7　岗位等级描述

岗位	初级	中级	高级
工勤岗位	①严格遵守操作规程。完成岗位任务。②协助上级工作	①实践经验较为丰富。②对操作规程熟悉，在高级员工的指导下能够独立完成工作	①实践经验丰富，能够对工作中关键性的技术问题加以解决。②工作水平和服务质量不断提高，服务意识、服务态度不断增强和改进。③具有培训下属的能力
专业技术岗位	①具备实际专业知识，对本专业技术有所掌握。②能协助领导工作	①具备现任职务所要求的实际理论知识，对本专业技能能够系统掌握。②对本专业工作能独自操作	①掌握本专业领域的知识，处于本领域的前沿，具有开创性研究能力。②完成本专业领域的团队建设。③负责一个项目
管理岗位	①具备实际业务知识。②在其他员工的指导下从事管理基础工作	①具备一定的组织管理与协调能力。②对专项管理工作能独立承担。③协助高级管理干部管理与协调团队内部工作	①组织管理与协调能力较强。②有创新能力。③在组织管理方面有预见性和决策力。④完成某一部门的团队建设

4. 确定评价主体

绩效考核评价包括以下三个方面。

①直属领导对下级的评价，占 60%。

②同一级别同事的评价，占 30%。

③被考核人自我评价，占 10%。

5. 确定指标

在绩效考核中，考核对象的岗位不同，考核指标也就不同，对此考核人员一定要多加注意，要采用不同岗位对应的指标对人员进行绩效考核，提高考核的科学性与实效性。

6. 修订

依据绩效考核结果将薪酬确定下来，并针对存在的问题找出原因，进行改善。对绩效考核成绩优异的员工，给予相应的奖励。

三、体育场馆财务管理

(一) 体育场馆营业收入的监控管理

在体育场馆营业收入管理中,控制、监管工作是重要环节。

1. 体育场馆的收款管理

在大型体育场馆的实际运行中,财务部门独立管理场馆的营业收入,设专职收款员;而在小型体育场馆中,可能会设专职收款员,也可能由服务员兼任。

体育场馆经营规模和管理模式不同,收款管理方式也会有所差异,理论上而言,由财务部门独立管理并设立专职收款员更有利于体育场馆的运营与管理。

(1) 设置收款员岗位

收款员(收银员)的主要工作是办理货币资金和各种票据的收入,保证自己经手的货币资金和票据是安全与完整的。收款员不仅要掌握专业出纳业务知识,还必须具备良好的财经法纪素养和职业道德修养。

(2) 收款的管理

收款的管理主要从以下几方面进行。

第一,合理安排收款地点。这主要是为了准确便捷地收费。体育场馆营业收入的收款地点的设置会受场馆规模与管理体制的影响。一般体育场馆会设置收款台,以便顾客交费。但这种方法容易出现漏洞,无形中增加了管理难度和人工成本。大型体育场馆一般采用一次性结账的收款方式,这种方式相对更加高效。

第二,设计科学的收费单据。对体育营业收入管理表单进行设计时,应包括全部管理内容,设计要遵循简洁、明了、规范、美观的原则,以便查阅和保管。另外,填写者应准确填写,避免使用模糊不清的词。

第三,加强稽核管理。稽核是指对账目的查对计算。一般来说,稽核人员的主要职责是对收款员的工作进行监督和检查。

2. 科学制定收款制度

(1) 收款员职业道德

收款员应该遵守的职业道德见表1-8。

表1-8 收款员应该遵守的职业道德

职业道德	内容
一般职业道德 （所有会计人员都必须遵守）	爱岗敬业
	熟悉法规
	依法办事
	客观公正
	搞好服务
	保守秘密
收款员特别重要的职业道德	清正廉洁
	坚持原则

(2) 收款制度

收款制度是收款员应遵守的行为准则，控制体育场馆的营业收入需要严格落实收款制度。一般体育场馆的收款员必须严格按照如下收款制度办事。

第一，现金收入清点制度。

第二，备用金管理规定。

第三，票据管理制度。

第四，信用卡受理程序。

第五，现金收款程序。

第六，转账支票受理程序。

(二) 体育场馆费用开支管理

1. 体育场馆费用开支计划

制订体育场馆的费用开支计划可按月、季度、年度等时间段进行，具体要看场馆的经营规模、经营体制。一般大型体育场馆各部门、下属企业须在每月底根据下月工作计划对本部门费用开支计划进行制订，财务部门对该计划进行汇总、审核，经办公会议或总经理审批，即为场馆当月的费用开支计划,并下达各单位费用开支指标。

费用计划内的审批程序包括以下四个步骤。

第一,费用当事人申请。

第二,部门经理审查确认。

第三,财务部门审核。

第四,授权分管副总或总经理审批。

2. 体育场馆费用开支标准

不同规模的体育场馆要结合本场馆的实际情况对适合自己的开支标准进行制定,以便掌握开支情况。体育场馆费用开支标准一般包括以下几种类型。

第一,业务招待费标准。

第二,出差开支标准。

第三,福利费、医药费开支标准。

第四,借款标准。

第五,其他费用开支标准等。

对不同类型的体育场馆费用开支标准进行制定,要考虑实际需求和场馆的具体情况,标准必须是适用的,能够达到预期管理目标和取得良好管理效果的。

四、体育场馆信息化管理

体育场馆信息化管理有利于促进体育场馆网络化运营服务水平的提高,促进体育场馆市场化经营和管理能力的增强,促进公众体育健身活动服务内容的不断丰富,并使体育场馆公益性服务与有偿服务的综合平衡目标得以实现。因此,体育场馆信息化管理是场馆可持续发展的重要途径,对我国大型体育场馆而言,进行信息化管理尤为重要。

(一)体育场馆信息化管理的领域

体育场馆的信息资源开发与管理工作受到国家体育总局的高度重视,国家体育总局明确要求体育场馆要向社会开放,提高场馆的现代化管理水平和网络化服务水平。体育场馆信息化管理的领域通常包括运动训练、健身休闲、体育竞赛表演、体育培训、公益性活动等方面。这些活动分属四个大的管理领域，分别是全民健身、竞技体育、体育产业和体育发展。与之对应的信息服务系统也指向全民健身信息服务、竞技体育信息服务、体育产业信息服务、体育发展领域信息服务四个方面。

体育场馆信息化管理的服务对象主要包括行业主管部门、专业行业协会、健身人群、运动员、社会公众、行业从业人员等。

（二）体育场馆服务信息资源开发

1. 体育场馆服务信息资源开发架构

体育场馆健身服务信息资源开发从架构上可以分为下列四个层次。

（1）信息采集层

负责场馆场地、体育培训、开放健身、赛事活动等各类信息汇聚。

（2）网络传输层

负责从个体内网，到场馆本地局域网络至公共电信网络的数据传递。

（3）应用支撑平台

提供中间服务，如身份合法性鉴定、数据交换、内容管理等。

（4）业务应用系统

负责场馆运营、开放健身、信息发布、电子商务、行业监管等服务。

2. 体育场馆服务信息开发利用

（1）体育场馆行业信息开发

体育场馆行业管理服务的用户群体主要有三类：一是体育场馆主管部门；二是体育场馆；三是健身消费人群。

对于以上三类不同的受众群体，对系统服务信息内容进行描述时，需从管理职能和业务范围两个层面入手。

全民健身活动、国民体质监测情况、健身场地设施情况、体育培训指导和服务情况等是体育场馆行业服务信息的主要来源。在体育赛事活动和全民健身活动中，体育场馆行业管理信息化系统与健身服务信息化系统主要从两个方面来提供服务，分别是体育场馆的网络化运营服务和体育行政管理部门、体育行业协会的管理服务。

(2) 体育场馆服务管理内容

第一，利用体育场馆服务基础数据库的数据，结合地理信息系统技术全面分析场馆布局及运营状况以及健身项目、健身人群，从中发现问题。将体育场地发展的基本数据和运行状况信息整理清楚，促进体育场馆业务统计方法和制度的完善。

第二，利用体育场馆周边的外部条件（地理环境数据、人口分布、交通便利性等），对体育场馆设施的服务辐射范围进行分析，从而以此为依据对体育场馆设施进行合理布局和规划。

第三，以体育服务业、体育用品业为主要对象，促进体育彩票销售、健身服务、竞赛表演、产品销售等市场的形成。

(3) 体育场馆服务管理功能

从信息化服务的技术角度来看，可以将体育场馆行业管理与服务功能细分为六个方面，分别是行业管理、基于 GIS 的决策支持、国民体质监测管理、全民健身信息管理、资质管理、场馆管理，这些方面又包含许多更详细而具体的结构。

通过体育场馆信息化服务管理，可以使体育行政部门、行业协会了解体育场馆的利用情况，获取健身人群的分布数据及相关信息，从而为进一步完善体育场馆管理制度提供依据，促进体育场馆监管机制的建立与完善，进而提高体育场馆的运营及管理效率。

第二章 体育场馆经营与管理模式

第一节 体育场馆经营与管理模式的社会环境

管理学中的社会系统学派主要从社会学的角度来分析各种组织，其特点是将组织看作是一种社会系统，是一种包括人与人之间相互关系的协作体系；而组织作为一种社会系统，是社会大系统中的一部分，会受到社会环境各方面因素的影响。体育场馆也是一种独特的组织，从经营与管理的角度来看，体育场馆经营与管理模式会受社会环境各因素的影响，主要体现在政治、经济、文化等方面。

一、体育场馆所处的社会环境

（一）政治环境

政治环境是指与体育经营活动有关的政治制度、政治形势、政局状况、发展趋势等。这些因素常常影响体育场馆的经营行为，尤其是影响体育场馆的长期投资行为，如政局不稳定会造成经营行为短期化等。我国自1978年以来，政治局势稳定、政治路线正确、社会安定，政府制定了大量促进经济发展和改革开放的政策和法规，极大地推动了我国社会主义现代化建设的进程，也为我们开展体育场馆经营活动创造了极好的社会政治环境。

国家政策因素对体育场馆的影响主要表现为各种政策、法规对体育经营行为的影响及制约。体育场馆的经营管理者应及时了解国家政策，并相应调整自己的经营战略和管理策略。新中国成立以来，为促进体育设施的建设与管理，政府发布了一系列政策、法规。如1984年中共中央在《关于进一步发展体育运动的通知》中明确提出"体育场馆要逐步实现企业化和半企业化经营"的要求，使体育场馆开始积极进行经营与管理方面的改革。其他政策如《中华人民共和国体育法》《体育产业发展纲要》《全民健身计划纲要》《公共文化体育设施条例》《关于开展创建社区体育健身俱乐部试点工作的通知》《2001—2010年体育改革与发展纲要》等均有涉及体育场馆建设、管理和使用方面的规定。相关政策条例的颁布，表明我国体育场馆在经营与管理上已经开始进行有益而大胆的尝试了。

2011年中共中央国务院颁布的《关于分类推进事业单位改革的指导意见》指出，我国正处于全面建成小康社会的关键时期，面对新形势、新要求，一些事业单位功能定位不清、政事不分、事企不分、机制不活；公益服务供给总量不足，供给方式单一，资源配置不合理，质量和效率不高；支持公益服务的政策、措施还不够完善，监督管理薄弱。这些问题影响了公益事业的健康发展，迫切需要通过分类推进事业单位改革中的问题加以解决。国家分类推进事业单位改革，是深入贯彻落实科学发展观、构建社会主义和谐社会的必然要求，是推进政府职能转变、建设服务型政府的重要举措，是提高事业单位公益服务水平、加快各项社会事业发展的客观需要。在中共中央提出事业单位分类改革的要求后，很多省市和地区开始对体育场馆进行大力改革，开始了"事业转企业"的改革探索。近年来，新建大型体育场馆更是从建设之初就采取了完全企业化的运作方式。

(二) 经济环境

经济环境对体育场馆经营与管理的影响主要是指国际和国内经济形势和经济发展趋势等因素对体育场馆经营行为的影响。例如，对体育领域的经营采取优惠税收政策，会促进经营者进入体育市场；反之，如体育经营活动税负过高，经营者信心降低，则不愿投资体育场馆市场。市场经济体制的转变，加快了体育场馆管理制度的改革，使体育场馆开始改变原有生存方式，利用市场手段得以发展。体育场馆开始适应社会发展，改革财务管理体制、领导体制和奖金分配制度，转换体育场馆的经营机制并制定相应的法规制度。

我国体育场馆管理适应市场经济体制的改革大体上经历了三个阶段。1949—1978年为第一阶段，主要实行高度集中统一的计划管理体制，下属单位缺乏自主权。国家对体育场馆实行统收、统支、统管的供给服务型的财政经济政策，体育场馆是国家财政全额预算拨款单位。在管理体制上，体育场馆是各级体育行政部门所属的事业单位，实行集中统一的行政领导和事业管理。1979—1991年为第二阶段，主要对体育场馆实行差额预算管理，要求体育场馆在完成上级体委布置的体育比赛、训练和开展群众性体育活动等任务的前提下，充分发挥场地设备的多功能效益，广开门路，开展多种经营活动，以增加收入，促进体育事业发展。体育场馆的主管体委和财政部门，根据场地规模和数量，给体育场馆定任务、定人员编制、定业务指标、定经费补助额度。体育场馆内部实行增收节支的经济责任制或承包经营责任制，使体育场馆资金来源由事业型单一财政拨款向经营创收、补充经费不足方向转变。1992年以来为第三阶段，体育场馆突破单纯创收增资的运行模式，开始走向"本体推进、全面发展"的综合性的体育产业开发阶段。以体育场馆为依托，以健身休闲和竞赛表演为核心，以体育用品制造业为支柱，以体育中介和技术培训为驱动的多业并举、全方位发展的体育场馆产业态势基本形成。

随着社会经济的不断发展和社会购买力水平的不断提高，社会对体育的消费需求不断增长。深入持续地分析和研究体育场馆市场及体育消费需求的状况及变化趋势，对于促进体育产业的发展，满足社会对体育劳务及实物消费品的需要，改善体育场馆经营与管理状况和提高体育经营效益，具有十分重要的意义。经营体育场馆要分析研究社会的体育消费水平，根据社会一定时期内体育消费水平的高低及时调整自己的经营战略及经营内容；同时，要根据不同地区、不同体育消费群体的消费水平来开展体育场馆经营活动，以满足社会的需要。

（三）社会文化环境

社会文化环境是由人们在特定社会制度下形成的道德观念、规范、民族习俗、宗教信仰、文化水平等因素构成的。各种社会环境因素都会对体育商品的生产和消费产生不同影响，从而影响体育场馆的经营与管理行为。体育场馆应积极适应社会文化环境的需要，开拓自己的经营业务。党的十七大以来，国家开始把建设"覆盖全社会的公共文化服务体系"作为实现全面建成小康社会的重要目标之一，并提出"满足人民基本文化需要，保障人民基本文化权益，让人民共享文化发展成果"的明确要求。党的十八大报告也明确提出"基本公共服务水平和均等化程度明显提高"的目标，并强调要继续改善人民生活、增进人民福祉，完成时代赋予的光荣而艰巨的任务。这对各级政府和体育系统加强公共体育文化服务体系的建设提出新的要求。国家把文化作为民族凝聚力和创造力的重要源泉，作为综合国力竞争的重要因素，为我国体育事业的发展提供政策保障。体育场馆应努力转变理念，通过公益性服务，改善公民的身体素质和精神状态，提高公民的健康水平，进而更有效地服务社会。

当代体育在促进人的全面发展，丰富社会文化生活方面发挥着重要作用。当前，人民群众对丰富精神文化生活的愿望更加迫切，体育的社会价值也进一步彰显。体育不仅是一种身体运动，还是一种教育手段、一种生活方式、一种精神依托、一种财富载体、一种交往平台，具有十分丰富的内涵，对塑造大众人生观、价值观，对移风易俗，形成健康、文明、科学的生活方式等具有重要作用，是精神文明建设的重要手段，也是文化建设的重要内容。在体育场馆经营与管理中，应深入挖掘体育的文化内涵，提升体育场馆的软实力，让体育场馆经营与管理发挥更重要的作用。

当代体育集政治影响力、经济生产力、文化传播力、社会亲和力于一体，在增强人民体质、丰富社会文化生活、维护社会稳定和构建和谐社会等方面具有不可替代的作用，是中国特色社会主义事业的重要组成部分。体育场馆只有对自己所处的社会环境进行认真而细致的分析和研究，才能摸清体育场馆所处环境的现状及其发展变化趋势，才能把握发展方向和拓展市场的有利条件，才能在经营活动中及时发现机会、利用机会、提高应变能力，适应体育经营环境的变化，使体育场馆各项事业健康发展。

二、体育场馆经营与管理体制变迁

体育场馆管理模式的变迁与每个时期特定的历史背景息息相关。从1952年成立国家体育运动委员会，到1998年改组成立国家体育总局，我国体育场馆经营与管理体制经历了由计划经济体制下粗放型管理向市场经济体制下多种经营方式并存的演化过程。

（一）改革背景

在计划经济体制下，以垂直行政管理为主，在体育系统管理机构中，通过自上而下的行政命令和行政干预实施体育场馆管理，场馆责、权、利不清，自主经营能力薄弱，管理效率低下。随着社会主义市场经济体制的建立，体育场馆开始按照市场经济的基本要求和规则办事。体委和财政部门根据体育场馆的规模和数量，实行定任务、定人员编制、定业务指标、定经费补助的方案，体育场馆开始广开门路，自主开展多种经营，并通过"体育搭台、经贸唱戏"的方式自筹资金。

1986年，国家体委公布了《关于体育体制改革的决定（草案）》，提出具体改革要求，基本框架是理顺、协调体委与有关方面及体育社团的关系，调整改革行政管理机构，建立运转灵活、高效率的办事机构，促进职能转变，鼓励开办俱乐部，逐步实现由包办体育向"管""办"体育转变。1993年，国家体委制定的《关于深化体育改革的意见》进一步明确了体育改革的目标与任务，提出建立社会主义市场经济体制的要求，着眼于体育体制改革和运行机制的转换，加速新旧体制的转轨进程。同时指出大多数体育场馆、训练场馆要由福利型、公益型和事业型向经营型转变，有条件的可以办成经济实体，实行企业化经营，并要从自身实际出发，因地制宜，大胆尝试，探索多种多样的改革方式和途径。

（二）改革成效与问题

市场经济使体育场馆彻底改变了原有的生存方式，走上利用市场手段运营发展之路。经过多年探索，体育场馆改革了财务管理体制、领导体制和奖金分配制度，转换了体育场馆的经营机制并制定了相应的法规制度。各地体育场馆在改革过程中，总结出了许多好的经验和办法。例如，南京五台山体育中心的经验是"重视改革、以体为本、方法科学"，他们曾总结出四句话，即"根本是发展、出路是改革、基础是管理、关键是领导"。长春市在体育场馆对外开放中总结出要正确处理三个关系，即"场馆社会公益性和商业性的关系，以体为本和多种经营的关系，敞开大门和加强管理的关系"。上海虹口体育场也是场馆经营开放的典型，其成功经验为："一是把体育场门开大，向社会开放；二是把体育市场做大，广泛吸引各方人士；三是把体育市场变活，用市场经营办法开展全方位服务；四是从市场需要出发搞场馆三产，形成良性循环。"

随着改革的不断深入，我国体育场馆的管理体制具体经过了由计划管理到预算管理（包括全额管理、差额管理和自收自支），再由承包经营责任制、租赁制到多种经营模式并存等一系列演化过程，逐步实现由行政型管理向经营型管理的过渡。总体表现出五方面的变化：一是产权关系日益明晰；二是部分场馆开始自主经营、自负盈亏，照章纳税；三是参与体育场馆相关业务的投资方享有所有权益；四是体育场馆逐步按照市场需求来组织经营服务活动；五是开始建立科学的、企业化的领导体制和组织管理制度。

但受计划经济的影响以及场馆间客观条件差异的限制，目前我国体育场馆采用的经营与管理体制不尽相同，在多种体制并存中，仍有很多体育场馆采用计划经济沿袭下来的"全额管理""差额管理"等管理体制。这些陈旧体制给体育场馆的经营与管理带来了一系列问题，一是所有权与经营权无法分离或分离程度不高，导致场馆缺乏经营自主权，尤其是缺乏人事权、资金支配权、经营决策权和利益分配权，严重束缚了经营者与管理者的手脚；二是场馆与上级体育主管部门之间的关系无法理顺，导致权责不明、职能不清、利益不分；三是市场机制运转不灵，导致资源优化组合难度大，市场竞争乏力，管理效率和经营效益低下。

第二节 体育场馆经营与管理的基本模式

管理学中的系统理论认为组织是一个系统，有人、组织结构、技术和环境等因素，把组织作为一个有机整体，把各项管理业务看成相互联系的网络。该学派重视对组织结构和模式的分析，应用一般系统理论的范畴、原理，全面分析和研究企业和其他组织的管理活动和管理过程，并建立起系统模型以便于分析。

一、体育场馆管理模式

管理模式是由管理主体、管理手段和机制所组成的动态系统。不同管理模式之间在系统组成要素（如管理主体、管理手段、系统结构、运作流程）上存在着差异。本节从管理学范畴提出的体育场馆管理模式是指体育场馆为实现发展目标而采取的决策、组织、管理形式，主要回答的是体育场馆建成后如何管理的问题，包括体育场馆管理组织机构的建立，以及管理组织在社会中的角色定位。从本质上来看，体育场馆管理就是协调各方面的利益关系，在一定管理思想的指导下，对体育场馆的管理目标、管理对象和管理手段进行整合，以推动体育场馆有效运转，是一种在长期的管理实践中形成的独具特色且相对稳定的管理状态。（见表2-1）

目前，关于体育场馆经营管理模式有很多分类方法，各地在实际经营管理中也在不断地摸索和创新，形成了多种模式和手段。关注点的差异导致经营管理模式的划分方法千差万别。鉴于体育场馆管理体制改革的需要，创新经营方法、手段的需要以及积极吸引社会力量的需要，建议从管理主体和经营权获取方式这两个方面进行划分,不同角度对应不同的改革方向。

表 2-1 体育场馆经营管理模式

体育场馆经营管理模式	事业单位管理模式	全额拨款模式	自主运行模式 合作经营模式 委托管理模式
		差额拨款模式	
		自收自支模式	
	国有企业管理模式	"事业转企业"模式	
		纯国企模式	
	民营企业管理模式		

(一) 依据管理主体性质划分

谈到体育场馆的管理,最核心的问题都会涉及"经营性与公益性""经济效益与社会效益""开放与开发""造血与输血"等,之所以把难点都归结在"经营"和"公益"这两方面,与我国特有的模式——事业单位与企业单位的划分分不开。作为企业单位,应以营利为目的;作为事业单位,则应以发挥政府职能、进行公益服务为主要宗旨。体育场馆是由政府财政拨款或筹资兴建的基础性物质条件,是政府所有的国有资产,具备经营性;然而多数体育场馆是政府的事业单位,因此混乱的表象下实质是"事业"和"企业"的关系问题。要破解体育场馆运营难题,关键点在于解决体育场馆的资产性质和管理属性问题。

划分体育场馆管理模式重点应考虑政府对体育场馆的干预程度与方式,主要是场馆的隶属关系、与政府之间的关系、管理职能以及组织机构设置。按照我国各地现行的实际做法,首先应从事业型和企业型的角度来划分体育场馆的管理模式。若仅按资金来源划分,对破解体育场馆运营难题的意义并不大,并且把纯企业性质的体育场馆完全排除了。因此,从是否具备事业单位属性,以及我国各地"事业转企业"的改革实践角度看,可将体育场馆的管理模式分为事业单位管理模式、国有企业管理模式和民营企业管理模式。考虑到事业单位改革试点和国有企业改制的发展进程,将国有企业管理模式进一步分为"事业转企业"型场馆和完全国企模式，以便区分不同时期政策下场馆的运行背景。

1. 事业单位管理模式

事业单位管理模式实际上是计划经济下部门管理的延续，将体育场馆作为事业单位进行管理，管理手段以指令性计划和行政性管理为主，政府管理部门集行政管理职能和国有资产管理职能于一身。体育场馆一般隶属于当地体育行政部门领导，场馆本身是独立法人单位，管理有一定的自主性，会结合自身实际情况设置符合经营管理所需的内部机构。随着改革开放，特别是事业单位改革的推进，国家对传统事业单位模式进行了相应改革，主要体现在运行资金投入上。根据资金投入方式不同，事业单位模式又分为全额拨款、差额拨款和自收自支三种类别。后两类事业单位会涉及更多的经营创收工作，虽总体上没有按照企业化方式来运作体育场馆，但同样会自觉或不自觉地采用多种经营开发手段。例如，江苏省苏州市体育中心属于事业单位，实行一个机构两块牌子，由体育实业公司开展经营，每年举办数十次全国以上体育比赛，自主经营收入达到总收入的30%左右。

2. 国有企业管理模式

国有企业管理模式是一种改良型的行业管理模式，其特点是行业行政管理部门不直接管理体育场馆，作为政府的职能部门，只履行统筹规划、掌握政策、组织协调、监督服务等调控职能，政府通过组建公司对体育场馆实施管理。政府与管理公司政企职责分开，政府赋予公司对体育场馆经济活动实行经营管理的权利；企业通过内部经营管理体制的改革，在扩大企业经营自主权的基础上，统一管理整个体育场馆的经营服务活动。此模式是纯粹的市场化运作模式，把体育场馆当作一家独立自主、自负盈亏的国有企业来进行管理。例如，上海东亚体育文化中心是以上海市体育局所属的上海东亚集团为主，与上海市文化广播影视管理局、上海文汇新民联合报业集团强强联合组建成的体育文化产业公司，其经营和管理的区域为上海体育场、上海体育馆（上海大舞台）及其所属全部实体在内的地域。

3. 民营企业管理模式

民营企业管理模式是私人投资建设和经营体育场馆的模式，以具有独立法人资格的企业来管理体育场馆。由于民营公司具备专业化的经营手段和渠道，在场馆管理中能提供更加专业和规范的服务，有利于提高场馆管理效率和服务质量，改善场馆的财务状况。

(二) 依据经营权获取方式划分

依据经营权获取方式不同可将体育场馆的运营模式分为自主运行模式、合作经营模式和委托管理模式。

1. 自主运行模式

新中国成立以来，我国的体育场馆大都采用事业单位模式，即由国家投资建设体育场馆，并组建成立相应的事业单位对体育场馆实施管理，开展自主运行。这种模式不仅是体育场馆所特有，也是计划经济体制下我国教育、科技、文化、卫生等社会事业领域所通行的一种运行模式。目前，自主运行模式在我国体育场馆的运行模式中所占比例最多。

2. 合作经营模式

在我国体育场馆市场化、产业化改革过程中，借鉴国有企业改革经验，引入了承包、租赁等经营手段，形成了以承包经营、租赁经营等形式为主的合作经营模式。合作经营模式是体育场馆自身与社会力量（单位或个人）在不改变体育场馆事业单位性质的基础上进行合作经营的一种模式，且双方是一种互惠互利、互相合作的利益共同体关系。

3. 委托管理模式

委托管理模式的本质是体育场馆的产权方，即政府或政府授权的部门，如体育行政部门，通过公开招标等市场机制，按照效率最优、成本最低的原则，将体育场馆的管理权委托给专业机构进行管理，再由该机构向社会提供公共体育服务，实现体育场馆的所有权和管理权的分离。这种模式从根本上保证了体育场馆的公益性和公共产品属性。从近年来国外体育场馆的经营管理情况看，委托经营是一种主要的发展趋势，越来越多的体育场馆采取委托经营模式，实现体育场馆的专业化运营。部分国家，如英国、澳大利亚在体育场馆经营管理中引入强制公开招标政策，要求对体育场馆的经营与管理权进行强制公开招标，分离体育场馆的所有权与经营权，以借助职业机构的专业优势，提高体育场馆的经营管理水平，降低体育场馆的经营成本。

二、体育场馆赢利模式

（一）体育场馆赢利模式概念

体育场馆的核心赢利要素决定了体育场馆的赢利模式，核心要素主要包括目标客户、产品构成、成本控制、经营方式和空间布局。

1. 目标客户

目标客户是指体育场馆选择什么样的客人作为自己的主要服务对象，目标客户是场馆服务产品的购买者，是体育场馆的利润源。选择了目标客户，就可以界定其需求特点、购买习惯、消费方式，有针对性地确定投资重点、设计产品、提供核心服务。

2. 产品构成

产品构成是指体育场馆的产品结构，是体育场馆核心业务的具体体现，是体育场馆的利润点。由于体育场馆提供有限服务、要求控制成本、保证价格优势，所以产品构成呈现集中性特点。

3. 成本控制

成本控制是体育场馆获得赢利的重要保障，是对体育场馆赢利进行管理的过程，也是体育场馆重要的核心竞争力，因此低成本战略是体育场馆普遍使用的举措。实施低成本战略有许多优点，其中比较突出的优点主要是对行业内竞争者具有比较竞争优势；对于潜在的新进入者形成较高的进入障碍；降低替代品的威胁；增强与顾客和供应商的讨价还价能力。体育场馆控制成本的手段很多，如连锁经营、简化组织结构、辅助业务外包，等等。

4. 经营方式

单体体育场馆规模小、财力有限、客源不稳定，加上管理缺少专业化使得产品和服务质量难以保证，同时由于受销售价格的限制，其利润空间小、利润数量微薄。因此，只有通过连锁经营形成数量规模，才能得到可观效益，获得持久的赢利和不断增长的空间。规模决定着体育场馆的赢利水平。体育场馆进行规模扩张可以最大幅度地降低成本，促进品牌增值，提高市场覆盖率，从而最大限度地提高场馆使用率。

5. 空间布局

体育场馆坐落在什么样的城市、什么样的区域、什么样的地段，不同区域的人均收入、消费支出、消费特点、商业气氛、交通情况、地产价格及其他环境因素都会对体育场馆的赢利产生重要的影响，而且区域的选择和地段的分布也决定了体育场馆的赢利状况。

(二) 体育场馆赢利模式类别

体育场馆赢利模式是体育场馆的投入资本在体育场馆经营过程中产生利润的方式，是体育场馆获得可持续利润的一种行为安排，包括对场馆运营的战略、组织和经营活动的专门设计。赢利模式是体育场馆运营活动中的一种成熟而稳定的模式。当前，我国体育场馆的赢利模式尚处于探索阶段，不同模式都在进行大胆尝试，积极探索获取更大的社会效益和经济效益。故将赢利模式分为本体服务类（指体育服务产品）赢利模式和非体服务类（指非体育服务产品）赢利模式。

1. 本体服务类赢利模式

本体服务类赢利模式主要以开展体育类服务和体育本体经营为主。

(1) 体育项目多元化赢利模式

这种赢利模式是指体育场馆围绕本体服务，选择多种群众喜闻乐见的运动项目开展服务。由于市场需求量大，可以迅速获利。为分散风险，避免某种项目因市场需求变动而影响收益，体育场馆往往根据市场需求开发多样化的运动项目，如羽毛球、足球、篮球、网球、游泳、乒乓球、壁球、跆拳道、健身操、健身器械、形体舞、瑜伽、芭蕾、踏板操、街舞、拉丁舞、台球、棋牌、气功、武术等。这样既可服务社会，满足大众的多种需求，也能为场馆带来更多的社会效益和经济效益。

(2) 体育延伸产品赢利模式

体育延伸产品赢利模式主要指开办体育培训班，开展体育用品商业活动等。体育场馆举办培训班具有得天独厚的优势，可以产生群聚效应，吸引更多的体育爱好者，扩大市场覆盖面。利用体育场馆优良的地理位置开办体育用品、运动服装专卖店，有利于扩大产品知名度，产生广告效应，并提高消费者对整个产品链的市场认知度。

(3) 俱乐部会员制赢利模式

体育场馆开办健身俱乐部一般采取会员制赢利手段，培养固定的运动娱乐群体，面向具有一定运动基础的固定人群，采取预付消费卡的形式是较为普遍的做法。会员卡的种类包括年卡、季卡、月卡和次卡等；部分俱乐部为吸引学生等低收入群体，还推出了优惠的学生卡；此外还为特殊的消费者提供家庭卡、情侣卡以及节假日打折卡；有的还为每一种健身项目配备具有专业技术知识背景的健身教练等。

(4) 体育场馆品牌营销模式

体育场馆品牌是体育场馆特色和服务质量的升华，能够体现体育场馆的综合实力。品牌营销模式就是重视培育场馆品牌，维护体育场馆品牌的正面形象。例如，体育场馆主动承担社会责任，树立良好的社会形象，使社会效益和经济效益协调发展。越来越多的体育场馆通过多种形式回馈社会，树立良好口碑，在获得社会效益的基础上带动经济效益的提升。

(5) 建立行业标准赢利模式

此模式是体育场馆以行业标准为基础，通过服务认证等规范管理，保持其对产品和市场的控制，并在获取市场容量、产品定价、活动产品升级、取得经济价值等方面取得明显优势。例如，北京工人体育场于2010年9月制定了《工人体育场服务手册》，并通过了中国体育服务认证。又如，国家游泳中心全面建立场馆内控体系，制定了符合企业实际的管理制度和流程，规范场馆的运行秩序。关注行业标准的场馆不但能始终站在本领域最前沿的位置，更能通过科学管理手段，以低成本、高效率提高其市场竞争力。

（6）管理输出赢利模式

知识就是财富。国内很多较早开始探索管理体制改革的体育场馆，在运营中不断积累管理和服务经验，并通过转让这些运营、管理经验而获利。目前，管理输出赢利模式主要涉及管理咨询和技术输出，如在体育场馆运营规划、大型维护设备配置及采购、日常运行管理、场馆经营开发、投资融资管理、无形资产开发、品牌及公共关系管理、人力资源管理和培训等多方面为客户提供专业咨询服务。目前国内已经成立了很多专业从事场馆物业运行管理、场馆经营运行管理、场地养护托管管理的独立法人经营机构，致力于推进全国体育场馆的经营管理，开展设施养护、赛事策划、文艺会展、广告发布等技术咨询与培训工作。

（7）战略联盟模式

2011年3月20日，济南奥林匹克体育中心、南京奥林匹克体育中心、深圳大运中心运营管理有限公司、武汉体育中心联合在济南签订《体育场馆联盟组建协议》，我国首个体育场馆联盟由此诞生，开创了体育场馆战略合作新模式。建立体育场馆联盟，旨在通过科技创新、制度创新、营销创新，发挥大型体育场馆的功能，保持良好的运营状态。成员之间通过联盟这一纽带密切沟通，推广体育场馆管理和服务标准化体系，共同引进、策划、组织、开发高水平文化活动，体育赛事等项目，并整合客户、市场资源，共同拓展市场，实现互惠双赢的格局。

2. 非体服务类赢利模式

体育场馆的赢利不能只盯着体育服务，还要向观光旅游、餐饮娱乐、购物休闲、会议展览等全方位商业服务领域发展。非体服务类赢利模式能充分开发体育场馆资源，以"非体经营"为主，拓展产业链。

（1）地产模式

地产模式能够建立起体育场馆建设与房地产开发的互动关系，创建多方参与、多家受益的建设模式。一般是政府划拨国有土地使用权给房地产商，房地产商负责体育场馆的建设和运营。获得国有土地使用权后，房地产商对土地进行整体规划和设计，在建设体育场馆的同时，在场馆周边搞房地产开发，如配套建造主题公园、住宅、商业区、写字楼、酒店、学校、医院、创意产业园、艺术中心等。体育场馆建成并运营后，能带动周边商业、餐饮、文化等共同发展。

（2）会展模式

会展模式指通过对会展客户需求的专业调研，逐步探索适合大型场馆开展的商务会展服务模式，积极承办会展活动。会展业素有"城市建设加速器"的美名，能带动巨大的物流、人流、资金流、信息流和文化流，快速提升城市品位和知名度，进而促进城市经济结构调整，增强城市聚集和辐射功能。会展经济被称为是"从空中往下撒钱"的朝阳产业。近几年，很多体育中心纷纷利用自身优势，把会展业作为一项主营产业，提升场馆经济效益。

（3）休闲娱乐市场拓展模式

休闲娱乐市场拓展模式是指依托场馆资源条件，开拓休闲文化娱乐市场，包括积极打造文艺演出品牌、发展文化创意产业、组织系列文艺演出，以及开展餐饮服务等项目。对于毗邻城市主干道或大型交通枢纽，有稳定客流量，地理位置优越的体育场馆，此模式能够取得较好的经营收益。

（4）产业链模式

产业链是体育场馆相关产业活动的集合，其构成单元是若干具有相关关系的经济活动集合，即产业环；而产业环又是若干从事相同经济活动的企业群体。体育场馆涉及的相关产业基本具有相似或相同的经济活动，类似的企业以体育场馆为依托聚集在一起，以实现利益最大化。此模式强调体育场馆商业运行中的产业链构建，即逐步整合、培育场馆资源，形成场馆运营、大型赛事、文化演出、大型活动、票务营销等环节完整的文化创意产业链，最终形成集群优势。

（5）复合型商圈模式

复合型商圈模式是指通过整体打造体育场馆商圈，带动场馆运营发展。商圈包含超市、银行、餐馆、药房等多种热点商业种类，在满足体育类消费者需求的基础上，积极吸引非体育类消费者。此类商圈模式需要具备地理位置优越、过境穿越人流量大、周边居住区密集等条件。我国比较有名的体育商圈有"北京亚奥中心商圈""上海徐家汇八万人体育场商圈""广州天河体育中心商圈"等。体育场馆应科学分析自身资产状况，进行合理的市场定位，引进能够适合群众需求的体育健身项目，形成项目优势。进而通过市场商业运作，扩大场馆的创收范围，带动相关产业经营，形成综合性商圈，产生集聚赢利效应。

（6）体育酒店赢利模式

体育场馆开办酒店是一种较好的赢利模式，可以通过场馆的主体形象来打造运动特色主题，并通过主题照片、奖牌榜陈列、体育服务、休闲娱乐设施等来营造运动氛围。体育场馆酒店的客户群包括大型赛事的运动员、教练员、政府官员、体育记者以及观看比赛的观众。上海八万人体育场的东亚富豪大酒店三层一侧客房能够直接面向赛场，属于市场稀缺产品，是独具特色的卖点。

（7）旅游集散类营销模式

为避免体育赛事间歇性举办造成的停车场闲置与浪费，结合旅游集散场地的设置是一种有效的赢利手段。旅游集散的人流量非常大，体育场馆具备的大面积疏散场地，以及与市内交通的便利衔接，为游客出行带来了极大便利。例如，上海八万人体育场、虹口足球场、杨浦体育馆都是旅游集散点，借其"班次频、线路广、景点多、购票便、车况好、服务优、价格惠"的自助旅游特点，产业持续快速发展，知名度不断提升，得到越来越多中外游客的欢迎和支持，已成为上海市民短途出游的首选。

（8）资本运营模式

资本运营模式是对体育场馆所拥有的一切有形和无形的存量资产，通过流动、裂变、组合、优化配置等各种方式进行有效运营，实现价值增值、效益增长的一种经营方式。场馆通过资本本身的科学运作，如发行股票、利用民间财团、开发无形资产、与其他商业资源协作（加盟、收购、兼并、连锁）等，最大限度地实现增值。例如，国家体育场等北京六大奥运会场馆总投资约 205 亿元，其中 85% 的资金是通过项目法人招标方式，运用市场机制融资完成的。

（9）管理增效模式

管理是事关体育场馆发展的永恒主题，基础管理是体育场馆生存和发展的基石。很多场馆能在服务的管理上下功夫，借鉴现代企业运营管理制度和手段以及星级酒店管理方式、标准化管理、俱乐部管理等形式，为各项工作的推进奠定坚实的基础，确保体育场馆持续发展、创新能力不断增强。

（10）业务外包模式

作为一种战略管理模型，业务外包模式是把体育场馆运营中非核心的业务委托给外部专业公司，从而达到降低运营成本、提高服务质量、集中人力资源、提高顾客满意度的目的。业务外包能将场馆解放出来，专注于核心业务，给场馆带来新的活力。目前，越来越多的场馆委托俱乐部经营或委托赛事公司运营赛事，或对保安、保洁、绿化、设施维修等进行托管。

第三节 体育场馆经营与管理模式的基本特征

体育场馆不同的管理模式都能够结合场馆自身特点，对管理手段、运营方式等进行创新与尝试，在一定程度上为当地体育事业发展作出贡献。但是当前我国体育场馆缺乏运营管理经验，没有形成成熟的管理模式，虽然各具特色，但也存在各式各样的问题。

权变理论指出，企业管理要根据企业所处的内外条件随机应变，没有一成不变、普遍适用的最好的管理理论和方法。企业管理要根据企业所处的内部条件和外部环境来决定其管理手段和管理方法，即要按照不同的情景、不同的企业类型、不同的目标和价值，采取不同的管理手段和管理方法。因此，体育场馆运营模式的选择与客观资源状况等密切相关，不存在绝对最优的模式，只存在最适当的模式。因此，应结合体育场馆资源条件选择不同的运营管理模式，并从政府角度给予相应的政策引导与扶持。

一、基于经营权获取的体育场馆管理模式特征

(一) 自主运行模式

现阶段，我国场馆经营管理中形成了自主经营、承包租赁、服务外包、委托经营等多种模式并存的局面，但调查显示全国体育场馆仍以自主运行模式为主，其他经营方式所占比例相对较低。自主运行模式的特征是体育场馆管理者亲自参与场馆的日常经营活动，场馆聘请专职或兼职的市场经营人才，积极采取广告、电子商务、俱乐部、会员制等多种手段开展营销。对于能够深化改革的自主运营性质场馆而言，往往能够在内部开展改革，通过减员增效、厉行节约、开源节流、降低经营成本；通过调整经营项目结构，不断满足大众体育需求；通过加大市场开发力度，扩大经营范围，拓展新的业务，实现规模效益；通过人事制度改革，调整人力资源与其他经济资源的组合，实现资源配置优化；通过经营方式转变，提高经营效果；并通过改革分配制度，建立利益激励机制。

自主运行模式基本保证了体育场馆的公益属性，能够向广大群众提供公共体育服务。其优势是直接对体育经营项目进行开发，可以对体育场馆的各种设施、资源进行整体的统筹规划，因而能够实现经济效益的最大化和社会效益的最优化。直接经营也便于接待各种训练和比赛工作，减缓对外开放和封闭训练或承办赛事的矛盾，避免所有者和经营者的矛盾。并且体育场馆职工多有从事体育活动的经验，通过直接经营可以培养职工经营管理能力，为我国体育事业培养一批既懂体育又懂经营管理的专业人才。

但此模式也避免不了传统计划经济体制下大锅饭、铁饭碗等种种弊

端，如资金缺乏使各种经营项目启动较慢，经营效率低下，部分差额拨款或自收自支场馆因经费短缺难以提供公共体育服务；并且由于部分所雇员工人浮于事，管理层次复杂，致使管理成本居高不下。

（二）合作经营模式

合作经营是指体育场馆以土地、房屋或其他设施作为投资品，其他投资者以现金、设备、管理等作为投资品合作经营某项体育业务的经营形式。合作经营的特点在于通过合作、合资经营的方式来解决体育场馆在经营过程中存在的资金和管理经营缺乏等问题。合作经营的双方或多方以有限责任公司的组织形式来明确各方的投资风险和收益，并按股份比例分成利润。合作经营模式营造了一种利益共享、风险共担的经营机制。

在合作对象的选择上，体育场馆应尽量选择在某一行业具有较高知名度的企业进行合作，便于利用知名企业的品牌效应和商誉增加客源，既能取得良好的经营业绩，也能扩大体育场馆在群众中的知名度。

合作经营模式的主要特点是体育场馆的所有权和经营管理权相分离，场馆管理单位代表国家行使场馆所有权，同时以承包或租赁的形式向合作方让渡全部或部分经营管理权，主要有承包经营和租赁经营两种形式。由于借鉴了企业经营管理思路，其本质是以营利为目的的经营行为，在一定程度上改变了体育场馆的公益性。此外，还有股份制经营模式，即体育场馆和社会资金以股份合作的形式开展场馆经营管理，完全将体育场馆当作企业来经营，削弱了体育场馆的公益属性。

在推进体育产业化和市场化的背景下，合作经营管理方式被普遍采用，但这种异化体育场馆公益性的经营管理方式，模糊了公共产品和私人产品的属性，模糊了社会效益与经济效益何者优先的问题。

（三）委托管理模式

委托管理模式强调所有权与经营权相分离，将场馆的整体经营权通过公开招标等形式外包给社会机构，由受托机构负责场馆经营管理中的一切事宜，如员工聘用、设备维护、水电供应及税费缴纳等。政府部门在实施场馆整体外包时，往往匹配一定的优惠政策，如减免房产税、土地使用税及享受事业单位标准的水电费用等。

委托管理模式与合作经营模式有相似之处，都将所有权和经营管理权分离，并由专业机构实施管理。但合作经营模式中，承包方或租赁方作为利益共同体参与经营管理，其主要收益来源于场馆经营开发收入的分成。而在委托管理模式中，管理方直接对委托方负责，相当于是委托方雇佣的一个物业管理公司，而且必须根据委托方在公益性、收费项目、收费标准等方面的要求向社会提供公共体育服务，同时接受委托方的监督检查。在经费管理上实行收支两条线，管理方获得的场馆开放等全部收入要上交委托方，而管理方的经济收益则来源于委托方根据委托管理合同规定所支付的委托管理费，并不能从通过自身提供的公共体育服务中直接获得收益。这种模式通常可以理解为政府购买公共服务。因此，委托管理模式较好保持了体育场馆的公益属性。由于发挥了市场机制作用，相比传统的管理模式效率较高，管理成本较低。正因为这种管理模式所具有的优势，我国一些市场化程度较高的地区，已经逐步尝试类似的管理模式，如浙江省宁波市游泳健身中心实行管理体制改革，将中心整体外包给美国西格集团公司。在此改革中，发包方提供申报免征房产税和土地使用税等优惠政策，承包方则负责该游泳中心的全面经营管理工作，不仅减轻了政府的财政支出，还为当地政府创造了经济收益。

当然，此模式在实践中也会出现一些问题，如未能实现收支两条线管理，管理方直接获得收益，再定期定额向委托方缴纳委托管理费，这种形式虽然在名义上是委托管理，但其实是一种变相的承包经营或租赁经营；另一个现象则是政府未能提供相应的委托管理经费，导致彻底让渡了体育场馆的经营管理权，体育场馆自主经营、自负盈亏，从而改变了体育场馆的属性。

（四）服务外包模式

体育场馆服务外包，是指场馆管理部门通过与外部企业签订合约的方式，将非核心业务进行外包，利用外部专业化管理团队为自身提供所需的服务内容，以达到降低运营成本、提高效率、增强自身核心竞争力及环境应变能力的一种管理模式。我国体育场馆服务外包的本质是引入市场竞争机制，利用市场竞争抵制场馆服务供给过程中政府垄断情况的发生。通过服务外包，可以节约机会成本，整合资金及人力资源，集中精力发展具有竞争优势的场馆本体产业，提高场馆的整体管理绩效。体育场馆服务外包可以选取成熟、高效的专业管理机构参与体育场馆的经营管理，为场馆管理者及消费者提供更为专业化的服务。外包服务还可以解决无赛期工作人员闲置、冗员问题严重等矛盾。

体育场馆服务外包的主要形式有四种。一是部分服务外包，即体育场馆部门通过与营利或非营利的民间组织签订外包合同，把部分对外供给的公众服务内容转移出去。部分外包多涉及保洁、保安、餐饮等服务内容。二是横向服务外包形式，即场馆经营部门为扩大自身经营范围，通过外包或承包形式，将场馆部门自身的经营资源与其他外部企业的资源整合在一起的外包经营模式。该模式强调的是将场馆的本体服务与其他企业所提供的服务相融合，共同扩大合作双方企业的经营范围，实现扩大企业经营范围的目的。如场馆管理方与旅行社签署合约并提供相应的场地支持，便于游客参观体育场馆或参与某些体育运动。三是场馆建造合同外包形式，即场馆建造业主根据自身需要，将场馆的设计、材料采购、场馆建造等内容通过法人招标手段外包给其他专业设计、建筑公司，以达到缩短建设周期、减少自身风险等目的。四是场馆设备维护外包形式，即场馆管理者为降低设备维护成本或提高维护质量，将场馆设施维护的全部或部分工作外包给专业设备维修公司，以获得更高的设备维护绩效。

二、基于管理主体的体育场馆管理模式特征

（一）事业单位管理模式特征

体育事业单位是指从事体育竞技比赛或为体育竞技比赛、群众性体

第二章 体育场馆经营与管理模式

育活动提供培训和场馆服务的组织机构。资金来源分别是全额拨款、差额拨款和自收自支,财务上均执行行政事业会计制度。

1. 全额拨款事业单位模式

全额拨款事业单位模式是在高度集中的计划经济体制下实行集中统一的行政领导和事业管理,政府对体育场馆实行统收、统支、统管的方式。体育场馆的所有运营费用和场馆维护费用均由政府财政经费支出。经济不发达地区常采用此种管理方式,其特点是把满足事业发展需求、保障运动队训练、服务全民健身、完成体育竞赛等职能作为首要任务,取得的社会效益往往高于经济效益。例如,辽宁省盘锦市体育场采取封闭式管理,日常开放仅限于市体校学生训练,训练之余主要承办中国足协杯赛、全国足球乙级联赛、国际足球友好交流赛以及全市足球联赛等。

2. 差额拨款事业单位模式

差额拨款事业单位模式是保留事业单位的性质不变,部分运行费用由国家财政经费支出,同时在事业单位内部采用企业化管理模式,进行自主经营、独立核算。国家一般对房屋场地设备维修费、设备购置费和人员经费等实行定向补助,或实行以收抵支定额补助的差额预算管理方式。这种运作机制在我国当前的体育场馆中较为普遍,只是各个场馆的具体运作方式各具特色。此模式的特点是既能享受事业单位的待遇和政策,又在内部采用了企业化运营管理机制,提高体育场馆的运营管理水平。例如,广州天河体育中心是财政核补的事业单位,市财政局每年都向体育中心划拨基本经费和项目经费以保证场馆正常运营;同时,天河体育中心积极开展企业化运作,在保证社会效益的同时实现了较好的经济效益。

3. 自收自支事业单位模式

自收自支事业单位模式需完全通过自身的经营创收获得场馆的所有运行经费,国家财政不再给予补贴,体育场馆实现收支相抵、自收自支。这种模式也是一种事业单位的企业化运行模式,主要特点是保持事业单位性质不变，在保障政府对体育场馆管理权的同时，减轻了财政负担。上级主管部门在经济指标、领导任命、人事调动等重大问题上继续保持主导作用；体育场馆为求生存和发展，必须积极参与市场竞争，在竞争中求得生存和发展。例如，宁夏体育馆就属于正处级自收自支事业单位，经营上能盘活现存资本，开展体育技能培训、技术咨询、器材及服装销售、赛事运营等，还承接大型文艺演出、商贸展览、群众集会、舞美设备外租、广告策划制作及代理发布、餐饮休闲等活动，形成了以健身为主，其他配套项目为辅的"一条龙"经营服务格局。

事业单位模式能够得到政府的业务指导和扶持，在确保公益性的前提下，不断探索实现体育场馆的自主经营和自负盈亏。但此模式需要具备一定的条件，如当地的社会经济发展水平，市民健康意识程度，场馆所处地理位置、硬件设施条件和规划的合理程度，政府政策支持力度以及场馆经营者的经营能力等。在此模式下，事业、企业的模糊属性依然存在。此模式的主要问题一是体育场馆对外开放率较低，场馆服务于运动队集训、体育比赛等活动时无法保证对外开放的时间；二是经营方式单一，往往以提供单纯的活动场所或简单的场地租赁服务为主；三是投资主体单一，融资渠道不畅，社会参与程度欠缺；四是经济效益较低，除去高额的运营成本和维护费用后普遍存在亏损现象；五是政策扶持不够，在经营、建设、融资、税收等方面无法享受特殊待遇，阻碍了体育场馆的发展。

（二）国有企业管理模式特征

国有企业管理模式通过构建完全独立的法人企业，产权明晰，国家不再对场馆拥有唯一的管理权和经营权，企业变成了场馆的主人，财务上执行企业会计制度。此类模式有体育系统自行组织并管理的公司，也有脱离体育系统，如隶属国务院国有资产监督管理委员会（以下简称国资委）管理的形式；还有多家公司参股形成伙伴关系的公司管理模式等。

第二章 体育场馆经营与管理模式

1. "事业转企业"场馆

伴随我国国有资产管理方式的变革,出现了体育场馆所有权和管理权收归国资委的情况。2006年12月,深圳体育场成功由事业单位转为国有企业,开始了市场化运作的经营道路。体育场馆转企后,政府不再负担场馆的运行费用和人员工资,在一定程度上减轻了国家财政负担。体育场馆按现代企业制度要求深化内部改革,转变管理机制,并依照政企分开、政资分开的原则,逐步与各地体育行政部门脱钩,其国有资产由履行国有资产出资人职责的机构负责,一般是国资委或中体产业集团公司。转企场馆一般有三到五年的过渡期,过渡期内,适当保留体育场馆原有的税收等优惠政策,原有正常事业费继续拨付。在改革过程中,"事业转企业"场馆也会面临组织机构设置混乱,行政管理部门多于经营服务部门,缺乏专业人才等问题,致使管理效率低下,服务效果不佳。尤其是旧体制下兴建的体育场馆没有预留日后高端运营和商业开发的空间和配套设施,难以营利;并且还存在公共服务与商业开发相冲突的矛盾。另外,政府购买公共服务的费用长期落实不到位,也使"事业改企业"场馆雪上加霜。

2. 纯国企管理模式

进入21世纪,随着BOT(Build-Operate-Transfe,建设－经营－转让)等新型融资方式的普遍运用,大型场馆从建设之初起就完全按照国有企业的模式来设计和运作,场馆不再附带任何事业单位的属性。为强调此类场馆与"事业转企业"场馆的不同,特将其定义为纯国企管理模式。广东佛山岭南明珠体育馆、"水立方"和"鸟巢"等都是此类模式的代表,从根本上奠定了大型体育场馆市场化运营的基础。例如,广东佛山岭南明珠体育馆是由中体产业集团公司投资管理的综合体育馆,以"体育商务区"模式运营。此模式不但能进行多元化的经营开发,还能积极开展资本运营,实现多元融资和商业资源整合。目前看来,纯国企管理模式的体育场馆普遍能够获得社会效益和经济效益的双丰收。

（三）民营企业管理模式特征

民营企业管理模式完全由社会或个人投资进行场馆的建设和运营，属于完全的私营企业化运作模式。例如，南通体育会展中心由民营企业南通中南集团投资建造，2008年开始由中南体育产业发展有限公司入驻运营。会展中心占地40公顷，建筑面积15万平方米，包括体育场、体育会展馆、游泳馆三大主体建筑，经过3年的运营，实现了盈亏平衡。民营企业的重点是开展多元化经营，项目包括酒吧、商业街、品牌餐饮等主题商业，以及演艺活动、会展经营等。其中，会展经营采用全新的展会模式，将会展馆与体育馆多馆结合，如在车展上以车辆品牌划分主次会场，使品牌会展经营向多层次、多方向模式发展。民营企业模式与纯国企模式的特征基本一致，只是投资建设方属于社会或个人。私营体育场馆开展公益服务面临的主要问题是高额税收，税收和能源费用已成为场馆持续运营的沉重负担。

第三章 体育场馆多功能利用

第一节 体育场馆多功能利用的基本概述

改革开放以来，随着经济发展、社会进步和人民生活水平的不断提高，尤其是北京奥运会的成功举办，极大激发了人民群众参与体育活动的热情，人民对体育的认识和理解进一步加深，体育事业也面临前所未有的发展机遇和挑战。在新的历史条件下，全面建成小康社会、构建社会主义和谐社会和建设体育强国的奋斗目标，对体育事业发展提出了更高的要求。

一、体育场馆多功能利用的解析

（一）功能含义解析

功能是指事物或方法所发挥的有利作用或效能，多功能是指事物或方法所发挥的多种有利作用或效能。通过对功能概念的认识可以了解到两层基本含义：第一，事物的功能首先要体现为使用价值，使用价值是某个事物功能属性的前提；第二，事物的功能要满足使用者的现实需求和潜在需求。体育场馆的功能是指体育场馆设施所发挥出来的有利的作用或效能，而体育场馆多功能是指体育场馆发挥的多种有利作用或效能。

随着我国经济社会的高速发展，人们对体育场馆的需求已由单一的观赏体育竞赛和参与身体锻炼需求，转变为体育、文化、娱乐、休闲多元需求，体育场馆只有满足社会多元化需求，建立多功能服务体系才能更好地谋求发展和服务于社会。

(二) 使用和利用含义解析

在体育场馆运营过程中，对体育场馆多功能使用和多功能利用的认识不同，会导致运营方式的不同。辨析多功能使用和多功能利用两者之间的关系，有助于我们选择最佳的运营方式。

1. 使用

使用的含义是使人员、器物、资金等为某种目的服务，如使用工具、使用干部等。长期以来，在计划经济体制下，由于国家长期的统收、统支、统管，体育场馆功能开发不完全，只注重体育场馆为运动竞赛和训练提供的特定服务，并不计较场馆收益，导致体育场馆运营效益低下，自我造血能力严重不足，甚至部分体育场馆已经成为政府的沉重负担。

2. 利用

"利"即指利益、利润，"用"即指使用。"利用"有两层含义，一是指使用手段使事物为某种目的服务，等同于"使用"，二是要产生效益。随着我国市场经济体制的逐步完善，体育与社会结合已具备了多元性，体育场馆的功能由传统竞赛和训练的单一功能向多元化功能发展。为了提高体育场馆利用率和效益，体育场馆经营与管理要按照"以体为主、多种经营"的思路，充分开发和利用体育场馆的多种功能，采用各种市场手段或策略使体育场馆效益最大化。例如，北京国家体育场——"鸟巢"自2008年10月对外开放到2009年5月底，通过旅游门票、演艺、比赛及特许商品经营等的多功能开发和利用，共实现营业收入3.64亿元，不仅能维持场馆的正常运营，而且略有盈余。所以，只有靠多功能开发和利用，才能实现体育场馆的可持续发展。

多功能使用是体育场馆经营与管理的基础要求，场馆建成后一旦提供服务就处在使用过程中了。新中国成立以来，体育场馆经营与管理者通过使用体育场馆为体育事业发展服务。然而，市场经济体制对体育场馆经营与管理提出了更高的要求。要求考虑场馆地理位置、区域环境、硬件条件、配套设施、经营人才、开放时间、开放项目、服务水平、营销手段等综合因素；在充分利用体育场馆功能的同时，还要追求综合效益和经济回报。所以，当前的市场经济环境，对体育场馆经营与管理过程中的多功能利用提出了更高的要求，这是体育场馆实现可持续发展的必然选择。

二、我国体育场馆多功能利用的基本情况

《第五次全国体育场地普查数据公报》显示，截至2003年年底，全国各类体育场馆设施达到850080个，其中各类标准体育场馆设施547178个，占全国体育场地总数的64.4%。随着我国经济社会和体育事业的快速发展，体育场馆设施的投入还将不断增长，数量还将不断增加，体育场馆已成为体育事业发展的重要依托。我国每隔4年举办的大型运动会除了全运会，还有全国城市运动会、全国体育大会、全国少数民族传统体育运动会、全国农民运动会等，这些赛事为各地场馆建设带来了生机，却也留下了赛后如何利用的难题。随着体育场馆建设的高速增长，加强体育场馆多功能利用已刻不容缓。

体育场馆的赛后利用是一个国际性的难题，投资巨大的体育场馆如何解决后续利用难题已成为我国体育场馆运营管理亟待解决的问题。例如，建设投入约8亿元的沈阳绿岛体育中心，2012年6月3日被爆破拆除，使用寿命不到10年。这座曾被冠以"豪华、地标、最大"等字样的体育场，在投入使用后却没有发挥应有的作用。我国体育场馆在赛后利用过程中，不仅要满足举办体育赛事和推动全民健身运动等社会公益服务的需求，而且要面向市场，通过市场化运作方式，提高公共体育场馆的社会效益和经济效益，甚至带动区域经济社会发展。体育场馆利用的好与坏离不开经济效益和社会效益两个重要的指标衡量，从体育场馆运行的状况可以判断体育场馆的利用情况，因此从经济效益和社会效益两个方面对国内体育场馆利用状况进行分析将有利于更好地让体育场馆得到多功能利用。

(一) 从体育场馆经济效益分析多功能利用情况

从对全国事业单位性质的体育场馆调研发现其经营收入主要来源于两大类：财政拨款收入和经营性收入。财政拨款收入主要由财政补助收入、上级补助收入、彩票公益金收入这三部分构成。经营性收入主要是场馆管理者通过经营活动得到的收入，包括物业出租收入、大型体育赛事及活动场地出租收入、场馆开展体育活动服务收入、广告及其他经营收入。如表3-1所示，广州天河体育中心所属的三个场馆因自身经营环境和经营水平的不同，经营收入部分较高，财政和事业收入相对比例较低。东莞体育中心作为职业篮球联赛宏远队的主场，拥有稳定的场馆租赁收入。除长沙贺龙体育中心和淮北市体育馆财政收入较少外，其余4个场馆的财政性资金收入均接近和超过50%，总体平均财政收入比例也达到37%。可以说，目前来自政府的财政性资金还是众多场馆的主要收入来源。

表3-1 我国部分公共体育场馆收入结构（单位：万元）

场馆名称	财政收入	百分比	经营收入	百分比	事业收入	百分比	总收入
惠州体育公园	300	52%	152	26%	128	22%	580
东莞体育中心	100	10%	600	58%	330	32%	1030
广州天河体育中心游泳馆	255	21%	391	33%	547	46%	1193
广州天河体育中心体育场	448	36%	706	58%	74	6%	1228
广州天河体育中心体育馆	61	6%	890	92%	21	2%	972
广州越秀山体育场	217	48%	162	36%	70	16%	449

续表

场馆名称	财政收入	百分比	经营收入	百分比	事业收入	百分比	总收入
佛山世纪莲花体育中心	700	58%	400	34%	100	8%	1200
长沙贺龙体育中心	60	26%	160	69%	10	5%	230
黄龙体育中心	1601	44%	1816	52%	176	4%	3593
淮北市体育馆	52	55%	38	40%	4	5%	94

通过对我国部分公共体育场馆经营收入结构的进一步剖析，再结合全国其他场馆的调查数据可以发现，全国公共体育场馆的经营收入结构中物业出租所占比例较大。从图中可以看出，除佛山世纪莲花体育中心在2006年刚刚建成投入使用，所在位置距离现佛山市中心位置较远，并且受限于场馆的设计，其物业基本上都未能出租以外，其余各个场馆均有物业出租收入。物业出租收入占经营收入50%以上的有11个，平均比例高达60%，其中广州越秀山体育场、广州天河体育场、广州天河体育中心游泳馆、长沙贺龙体育中心、黄龙体育中心和天津市人民体育场的比例超过70%。

我国体育场馆的经营性收入状况能较为真实地反映体育场馆多功能的利用状况，可以看出我国体育场馆在多功能利用过程中还有很大的不足，也存在巨大的开发空间。表3-1中的数据反映出目前我国体育场馆的利用主要还是以体育场馆门面及功能用房对外出租为主，形成这种情况的主要原因有：一是大中型体育场馆的设计一般都以满足体育比赛为目标，在后续利用时，赛时需要的功能用房经过改造后对外出租，能为场馆带来立竿见影的经济效益；二是相对其他场馆功能来说，功能用房对外出租对体育场馆的财力、人力耗费较少，利润空间较大，因此多数体育场馆都热衷出租固定物业。三是体育场馆利用功能用房对外出租受地理位置因素影响较大，部分地理位置较好的体育场馆通过物业出租能获得较大的收益，部分地理位置条件不佳的体育场馆则面临较大的困难，如沈阳绿岛体育中心位于沈阳市郊区，由于建后利用率不高，最终面临拆除的悲惨结局。

（二）从社会效益分析我国体育场馆多功能利用情况

体育场馆多功能利用情况的另一个指标是社会效益，社会效益主要表现为体育场馆为社会所作出的贡献，向人民群众提供体育服务，满足人民群众的体育活动及观赏需求。目前我国体育场馆除开展经营活动之外还承担着运动队训练、政府公益性活动、全民健身、公共景观和绿化等社会服务任务，通过以体育为主的多元项目开发提高体育场馆的使用率，并根据体育场馆的特征为各类群众提供体育服务（见表3-2）。

表3-2　部分体育场馆向社会开放情况

场馆名称	全年接待公众锻炼人数/万人次	全年举办公众比赛次数/次	全年举办公益性文化、节庆活动/次
天河体育中心体育馆	25	69	2
天河体育中心游泳馆	24	15	3
昆明市盘龙区体育馆	40	30	
云南省拓东体育中心	55	2	30
红塔体育中心	500	60	10

为全面贯彻落实国家《全民健身条例》和《全民健身计划（2011—2015）》，体现体育场馆公益性特征，各地政府普遍要求体育场馆以体为主、多种功能服务社会，凸显体育场馆的社会效益。我国体育场馆在多功能社会服务方面确实取得了不错的成绩，如2012年广州市体育场馆共计开放490046.5小时，全年累计进场10393692人次，其中优惠和免费开放122460.5小时，占总开放时间的25%，其中优惠和免费进场4548287人次，占总进场人次的43.8%。2010—2012年期间，芜湖市奥体中心一共举办了400多场体育竞赛表演、文艺演出及各种群众性体育活动，每天来奥体公园锻炼的人数超过3000人次，全年达100多万人次。

由于我国体育场馆多功能利用存在着先天不足的客观因素,如地理位置、硬件条件、经济环境等,也存在着后天不足的主观因素,如经营观念和意识不强等。加上现阶段我国体育消费整体能力不强,体育健身、体育休闲还没有成为社会的普遍需求。以体为主、社会效益较好的服务项目往往经济效益不高,部分场馆甚至赔钱经营。因此,目前绝大部分体育场馆主要将物业出租作为场馆多功能利用的重要经济来源,尽可能把能出租的房屋或空间都对外出租,经营歌厅、舞厅、游戏厅等。单一的物业出租创收,必然会改变体育场馆的主体服务功能,影响场馆的公益性和社会效益,目前我国体育场馆多功能利用的经济效益和社会效益之间的矛盾还比较突出。近年来,我国体育场馆综合利用已由竞赛训练单一功能逐步向多样化功能利用转变,体育场馆多功能利用已成为我国体育场馆运营管理的发展趋势,特别是部分新建体育场馆在设计过程中就考虑多功能利用的问题,如国家体育场、广州国际演艺中心等大型体育场馆在设计过程中就引入功能多样化的建设思路。因此,在多功能利用过程中如何把握社会效益和经济效益的平衡,合理利用体育场馆构建完善的多功能利用体系将直接关系到我国体育场馆的发展前景。

三、体育场馆多功能利用过程中社会效益与经济效益的平衡问题

(一)体育场馆多功能利用应注意处理好社会效益与经济效益的关系

体育场馆是提供体育服务的重要物质保障,特别是大中型体育场馆规模大、功能多、服务能力强,作用尤为特殊且重要。我国部分地区把体育场馆打造成为当地全民健身的乐园和提供公共体育服务的重要基地,极大地满足了当地群众体育健身和青少年体育活动的需要。所以,体育场馆是提供公共体育服务,保障人民群众基本体育权益的重要物质基础。西方发达国家的公共体育场馆在利用过程中主要还是靠政府补贴维护其日常运营,以免费或象征性收费的形式向广大市民开放,以保证体育设施的公益性。由于我国经济水平受到限制,现阶段很难做到让老百姓完全免费享用,只能通过对体育场馆多功能利用,增加收入来源,

减轻政府负担,从而更好地提供体育服务。

在传统计划经济条件下,体育场馆后续利用虽然一直强调体育的社会效益,但是始终没有找到正确发挥体育社会效益的道路和方式。而随着我国市场体制的不断完善,曾经被认为是公共产品的体育服务性质也发生了很大的变化,传统体育事业内部有些部分已经不再具有公共产品的性质,逐渐具有了准公共产品或私有产品性质。这些变化使得传统的体育事业具有了生产经营的特性,具有了产业的特点,也为体育场馆多功能利用,实现社会效益与经济效益的统一提供了一条有效的途径,明确了体育场馆多功能利用过程中社会效益与经济效益是目的与过程的关系。通过市场化方式对体育场馆进行多功能开发和利用,以市场化的手段保障体育场馆公益性目标。为了实现体育场馆的社会效益,必须发挥体育场馆的经济效益,只有多功能利用和发挥体育场馆的经济效益,才能有效地实现体育场馆的社会效益目标。

体育场馆多功能利用过程中社会效益与经济效益又是辩证统一的关系,在进行经营活动时必须考虑场馆的公共服务职能,考虑到场馆的公益性,一旦忽视了场馆的公益性就容易产生破坏性经营,导致场馆的公共服务无法得到保障。比如香港温布莱有限公司在香港大球场的经营管理中,由于只顾及经济效益,最后被政府收回管理。同样,场馆在提供公共体育服务时也应考虑经济效益,只有实事求是,根据体育场馆特点及周边环境做好多功能利用,体育场馆才能充分发挥出应有的作用,否则,就会成为建筑空壳、造成闲置、形成浪费。

(二)体育场馆多功能利用应注意在不同阶段的侧重点

产品生命周期理论是美国哈佛大学教授雷蒙德·弗农(Raymond Vernon)于 1966 年在其《产品周期中的国际投资与国际贸易》一文中首次提出的。产品生命周期(Product Life Cycle),简称 PLC,是产品的市场寿命,即一种新产品从开始进入市场到被市场淘汰的整个过程。体育场馆多功能的完善与区域经济环境、消费水平、配套设施、地理位置等客观因素密切相关,具有明显的周期性特点,主要有建设期、成长期、成熟期、创新期几个生命周期。完全意义上的体育场馆多功能利用的概念从其建成交付使用就正式开始了。例如广州天河体育中心建成于

1987年，随着1994年广深铁路完成准高速改造、1995年港穗直通车开始使用，以及广州天河区经济社会的不断发展，1995年广州天河体育中心才逐步与周边社区的健身、休闲、娱乐和商务等形成互动，进入多功能利用的成熟期，其成长期历时8年之久。目前广州天河体育中心已成为全国体育场馆多功能利用的典范（见图3-2）。

根据我国体育场馆多功能利用的发展趋势来看，在多功能利用的不同阶段侧重点应有所不同。在体育场馆成长期，由于运营团队对体育场馆功能的熟悉度不高，部分体育场馆甚至存在配套设施缺乏、周边区域发展滞后等问题，此阶段体育场馆应该以物美价廉的方式培养群众的体育生活方式和体育消费习惯，聚集人气，着重突出体育场馆的社会效益，迅速扩大影响力。体育场馆多功能利用进入成熟期后，在不损害社会效益的基础上，逐步将多功能利用重点放在市场开发环节，引入优质市场资源，开展文化艺术、休闲娱乐、配套商务等多种经营活动，提供优质服务，增加场馆经济效益，减轻政府的负担，保障体育场馆管理好、利用好、维护好，最终目的是使体育场馆人尽其才，物尽其用，提高体育场馆使用效率，满足群众日益增长的体育需求。

图3-2 广州天河体育中心的变化

(三) 公共体育场馆的利用应注重效率与公平

体育场馆多功能利用离不开利用效率问题，在多功能利用过程中，有的开发项目投入少，但实现的综合效益高，而有的项目投入很大，但实现的综合效益少。前者是高效率利用，后者是低效率利用。体育场馆多功能利用效率反映出在体育场馆经营活动中的投入与产出之比值，或成本与效益之比值。因此，体育场馆要尽可能大力开发社会效益和经济效益，如引进各类大型体育文化活动。体育场馆多功能利用还要坚持"注重效率与维护社会公平相协调"的原则。而对于经济效益不明显，但社会效益明显，投入成本又不高的项目，也要大力提倡，体现体育场馆的公益性特征。因此，体育场馆多功能开发不能只局限在经济效益高的项目上，而要让经营项目面向大众，覆盖到更多的社区人群。体育场馆多功能利用只有做到效率与公平的统一和协调，才能使体育场馆更好地为社会服务，发挥出体育场馆的社会服务功能。

第二节 体育场馆多功能利用存在的问题

随着居民收入水平不断提高，消费能力不断增强，科学健康生活理念日益深入人心，对参与体育活动的多元化需求不断提升，这些社会发展变化对我国体育场馆的功能和利用提出了新的要求。但长期以来我国多数体育场馆是为了满足竞技体育或体育比赛的需要而设计和建设的，赛后利用不能适应市场经济发展的要求，体育场馆利用率极低，成为政府的沉重负担。据业内统计，目前全国公共体育场馆的开放度仅为44%，利用率不足30%，反映出我国场馆运营开发不够，资源闲置是个非常普遍的问题。如山西体育场在1990年建成后，曾以建筑一流的质量赢得了"鲁班奖"，但由于功能的单一和后期开发的缺乏，至今除了承办过一次全国职业学校运动、一次全国田径锦标赛、一次省运会、一个赛季足球赛和几次文艺演出外，大型体育活动很少光顾这里，十几年里，大部分时间处于闲置状态。又如广东奥林匹克体育场自2001年第九届全国运动会之后,到 2010 年广州亚运会之前,近 10 年的时间仅举办过几场赛事,长期处于闲置状态。要解决体育场馆赛后利用问题,真正做到多功能利用,必须分析当前我国体育场馆赛后利用存在的具体障碍,从源头寻找问题的解决之策。

一、体育场馆选址不合理

地理位置是制约体育场馆多功能利用的重要因素,特别是大中型体育场馆是一个城市或区域的标志性建筑,是城市或区域经济社会文化发展的象征。因此提高体育场馆利用率首先要选好地理位置,只有符合城市或区域发展规划的需要,才能在多功能利用过程中方便群众使用,从而发挥最大效用。目前我国部分体育场馆存在着选址与城市规划不相符的情况,相当多的地方政府在体育场馆的选址上,缺乏必要的科学论证,没有考虑场馆赛后多功能利用与区域环境、人口密度消费能力等因素之间的关系,通常将新建的场馆规划在远离城市中心的边缘地带,因周边人口稀少或因交通和距离问题制约了场馆的多功能利用,在主观层面造成体育场馆赛后多功能利用率不高。

以广州天河体育中心和广东省奥林匹克体育中心为例,广州天河体育中心于 1987 年建成投入使用,在城市建设规划发展的配合下,天河体育中心如今已经成为广州市商圈的中心地带,不但邻近天河火车东站,公共交通十分便利,而且该区域以中高收入人群为主,具有较强的消费能力,如此优越的地理位置给天河体育中心营造了一个良好的经营环境,使天河体育中心门庭若市,日均人流量高达数万,天河体育中心多功能利用因此具备了得天独厚的优势。然而,距离天河体育中心 20 分钟左右车程的广东奥林匹克体育中心却是另外一番景象。广东奥体中心由广东省政府投资建设,位于广州市东圃镇黄村,人口密度不高,且人口以当地传统农业人口和中低收入的外来人员为主,消费能力较低,加上未能与广州市城市规划接轨,周边配套设施不全,导致广东奥体中心经营状况令人担忧。从 2001 年建成投入使用至今,广东奥林匹克中心的经营环境并没有得到太大的改善,其举办的大型赛事屈指可数,前往进行体育锻炼的群众也不多,反靠政府每年投入1500万元维持运行,经济效益较差。虽然广东省奥体中心利用亚运会举办的契机在城市规划、配套设施、周边区域发展等方面做了进一步的发展,但是与天河体育中心相比仍有不小的差距。从天河体育中心和广东奥体中心的强烈对比可以看出,体育场馆地理位置的优劣与赛后多功能利用有直接的关系,而2010年新建的广州亚运城综合馆迟迟无法对市民开放,就是其地理位置过于偏远,赛后利用程度不高所致。

二、体育场馆布局过于集中

目前我国体育场馆建设基本上是以2003年建设部和国家体育总局共同颁布实施的《体育建筑设计规范》(JGJ31—2003)为标准,该标准对体育场、体育馆、游泳馆、游泳池作出了具体的建设要求。此外,由国家体育总局2009年公布的《公共体育场馆建设用地指标》只对公共体育场、公共体育馆、游泳馆建设的用地标准提出要求。由于我国体育场馆通常都是为承办某个特定的大型综合性运动会兴建的,因此"一场二馆"集中规划建设也就成为我国各地体育场馆建设的传统模式。各地在承办重大赛事进行体育场馆规划建设时,城市规划部门通常以便于集中用地规划和赛时方便统一管理为依据,把大量场馆集中建设在一个区域内。这种过于集中的模式打破了城市场馆区域分布的均衡性,导致城市中有的地方资源严重过剩,有的地方人均场馆资源严重不足,不能让有限的体育场馆设施通过合理布局发挥其最大的功能,在一定程度上影响了场馆资源使用的最大化,对体育场馆的多功能利用带来不利影响。

近年来,"一场二馆"的集中型体育场馆的规划弊端已引起社会的广泛关注。以广州举办亚运会为例,亚运会举办前,广州的大型体育场馆基本上都集中在城市中心区,花都、黄埔、从化、增城、南沙等周边地区体育场馆资源缺乏。因此广州亚运场馆按照"因地制宜、分散"的原则,摒弃传统的"一场两馆"模式,在布局上呈现多中心、多功能的空间格局，在突出以广东奥林匹克体育中心、天河体育中心、亚运城、大学城体育中心等四大场馆群的同时，将绝大部分新建场馆布局在周边新兴城区。这一分布既方便新兴城区群众就近参与体育活动，同时又避免体育场馆过于集中而产生的恶性竞争，为多功能利用打下良好的基础。

三、体育场馆功能设计单一

体育场馆功能设计也是影响体育场馆多功能利用的主要因素，我国部分体育场馆在设计过程中较多考虑其竞赛功能，对体育场馆其他功能考虑不足，从而严重影响体育场馆的多功能利用。体育场馆建设参考的《体育建筑设计规范》（JGJ31—2003）中明确说明："本规范适用于供比赛和训练用的体育场、体育馆、游泳池和游泳馆的新建、改建和扩建工程设计"，虽然在总则部分提出要充分考虑赛后的使用和经营，但没有提出具体的规范，再加上多数体育场馆在建筑设计之前没有进行科学的功能定位规划，导致体育场馆在功能上以竞技功能为重点，其多元化功能考虑不足，从而影响赛后多功能利用。

对于大型体育场馆而言，规模大能在维护城市形象，扩大城市知名度，推动地方经济社会发展方面起到重要的带动作用。然而，很多大型体育场馆在规划建设上越来越盲目追求高规格、大规模，与赛后运营管理脱节，没有充分考虑赛后的多功能使用、运营和养护的需要，留下不少后遗症。许多城市都把大型体育场馆当作城市标志性建筑来看待，过分注重外形设计，忽视其场馆赛后自身需要而具备的多种功能，在场馆规划设计和建设上标新立异，在建筑外形上追求复杂结构，在建筑空间和建筑材料上没有充分考虑节能环保，不仅加大了工程建设的难度，造成了建设成本的攀升，也加大场馆赛后清洁卫生和水耗能耗等日常运营与管理的难度，需要花费高昂的能耗等养护费用。为第九届全国运动会而建设的广州体育馆，其场馆顶盖的设计就没有充分考虑赛后各种室内体育比赛的竞赛需要。2008年为了承办第49届世乒赛，政府不得不重新投入 4500 万左右的资金改建顶盖，造成资金的浪费。该馆看台所采用的下沉式设计，导致绝大部分功能用房位于地下，赛后多功能利用过程中无法有效开发利用，造成资源的巨大浪费。如今政府部门和设计单位已逐渐认识到体育场馆功能单一对多功能利用的弊端，在体育场馆规划设计初期便开始考虑后期多功能利用的问题。如新乡市的平原体育（会展）中心，在前期规划了如何做到多功能利用，功能定位于既能充分满足国际、国内多项高水平体育赛事的需要，又能最大限度地发挥体育场馆公共服务功能，满足全市人民群众健身、集会、展览和文艺演出的需求，成为增强城市吸引力、辐射力的体育文化和商贸、旅游、服务业的集聚区。

国外在体育场馆的设计、建设和运营中注重对体育场馆的多功能开发与利用，可开展的活动多达数十种，且不局限于体育活动。在运营中将体育场馆视为类似于剧院的大空间建筑，用以开展体育、演出、娱乐、大型聚会、展览等活动，提高体育场馆的使用率，实现体育场馆的充分利用。目前在体育场馆内举行的非体育活动要远远高于体育活动的比例，非比赛日的收入成为体育场馆的主要收入来源。因此，国内体育场馆在今后的运营中应注重对场馆的多功能开发与利用，以体为主，积极开展多种经营活动，以提高体育场馆的使用率，避免闲置。

四、体育场馆体制机制陈旧

在计划经济体制下，我国体育场馆大多以事业单位的方式运行和管理，随着社会主义市场经济体制的逐步完善，虽然体育场馆运营管理已向专业化、市场化方向发展，但仍有相当多的场馆沿用过去事业单位吃"大锅饭"、端"铁饭碗"的陈旧管理体制，当前事业体制的生产关系不能适应市场经济环境下的体育场馆运营，因此事业体制在当前环境中存在的众多突出问题会直接影响体育场馆的多功能开发和利用。

我国的事业单位存在两大弊端：其一是事业单位占着国家资源、享受着财政支持，却没能有效和公正地提供相应的服务。事业单位性质的体育场馆在运行过程中，或多或少地享受政府财政扶持，缺乏适当的激励机制，经营管理人员工作积极主动性不高，等、要、靠的思想比较严重，体育场馆资源开发不全面，利用不彻底，直接导致体育场馆资源严重浪费；其二是大量事业单位分别附属于不同的政府机构，政事不分、企事不分，造成政府职能缺位、越位和错位，导致宏观调控乏力，行政效率降低，政府机构膨胀和财政负担增加。我国大多数公共体育场馆附属于体育部门或政府其他部门，虽然上级主管部门纷纷把经营权下放到各个场馆，部分场馆也确实开展了灵活的经营工作，但是由于目前公共体育场馆与主管部门仍然是隶属关系，场馆经费由体育部门下拨，场馆负责人由主管部门指派，使得场馆经营管理者不能"放开手脚"经营。同时，场馆在开展经营项目时行政审批手续繁多，各个行政部门之间协调困难，严重制约着场馆的经营工作。

五、体育场馆经营理念落后

长期计划经济体制的影响，使得部分场馆经营者缺乏创新和开拓精神，经营理念落后，营销手段简单陈旧，缺乏创新。对如何利用体育场馆现有功能开发多样化服务的能力有所欠缺，在功能利用过程中，不能通过市场手段引入社会资源、不能按照当前市场经济的要求进行资源整合和推广，不能对体育场馆进行有效营销，不愿甚至不敢积极迈向市场，导致体育场馆功能无法有效利用，最终成为政府的负担。此外，部分体育场馆由于依赖政府财政补助作为"保底"，导致体育场馆普遍缺乏多功能利用的动力，部分体育场馆在部门设置上根本就没有市场部、营销部等负责经营的部门，即便是设有这些部门的场馆，大多数都还处在一种"守株待兔"的状态，等待社会资源找上门，极少运用营销手段去开拓市场，由于体育场馆的资源没有被充分利用，综合效益自然无法保证，更谈不上提高。

其次，受到"官办"意识的束缚，部分体育场馆管理人员缺乏服务意识，体育场馆能够做到的只是"早上开门、晚上关门"，将提供体育服务当成上级布置的任务，只注意到体育服务的数量，没有注意体育服务的质量，甚至部分体育场馆除了提供场地以外，极少向消费者提供其他优质服务。对部分体育场馆消费者的调查显示，服务人员的服务态度较差，"花钱还要受气"现象普遍存在。这从一定程度上反映了当前部分体育场馆从管理层到一线工作人员，服务意识非常淡薄。在社会体育消费观念初建，体育场馆服务开始形成竞争的局面下，消费者有了更多的选择，如果经营理念落后、服务意识不强，体育场馆就容易在竞争中失去优势，导致场馆人气不足、利用率下降。

六、体育场馆专业人才缺乏

以往体育场馆建设更多考虑的是单纯地完成训练比赛任务，而现在体育场馆多功能利用就要充分考虑赛后的休闲、娱乐、健身等功能使用和对外经营，因此体育场馆需要的是既懂体育运动规律又懂场馆建设和运营规律的专业人才。由于历史原因，体育场馆运营管理人员大多是退役运动员或体育行业的行政管理人员等，其知识结构和专业技术相对单一，既懂体育又懂市场营销的复合型人才严重不足。体育场馆多功能利用能否实现的核心就是多元化的人才储备，未来体育场馆面对的经营内容越来越多，经营范围越来越广，体育场馆为应对多元化的社会环境需要配备体育、文化、宣传、公关、营销、管理等多元化人才。

当前我国体育场馆人才流动渠道多为体育系统内部流动，致使人员结构失衡，冗员滞胀，专业化人才匮缺。在职人员总体素质偏低，缺乏专业培训，场馆工作人员结构老化的现象十分严重。与一般企业管理人员"少而精"的原则完全相反，岗位设置不合理的现象凸显，体育场馆经营人员严重不足，管理人员过多，制约了场馆的多功能经营开发工作。

第三节 体育场馆多功能利用的具体内容

体育场馆多功能利用，应该从满足广大市民日益增长的体育需求、维护群众的切身利益和提高场馆的养护能力出发，统筹考虑社会效益和经济效益，坚持"以体为主、多种经营、全面发展、服务社会"的利用理念，开发体育场馆多元功能，构建体育场馆多功能服务体系，促进体育场馆集约化、多元化经营，全面提高场馆的社会效益和经济效益（图3-3）。

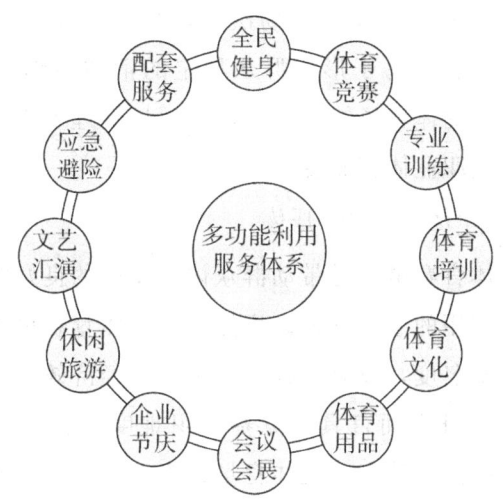

图 3-3　体育场馆多功能利用服务体系图

一、体育竞赛服务

体育竞赛是体育产业的龙头产业，体育场馆举办体育竞赛主要从大型体育竞赛开发、群众性体育竞赛开发、企业职工体育竞赛开发三个方面开展。

（一）大型体育竞赛开发

近年来，国内体育竞赛表演市场持续活跃，职业联赛、商业比赛、各项目单项竞赛和综合性赛事增多，比赛的消费群体不断扩大。由于赛事资源是一种稀缺资源，主办权就是发展权，体育场馆多功能利用应该在体育赛事承办上积极获取机会，特别是大型体育场馆更应该积极承担国内外具有影响力的体育竞赛活动，通过大力开发各类体育竞赛活动市场，为加快城市体育产业发展和产业结构升级打下基础。2011年国家体育场举办了沸雪北京国际雪联单板滑雪大跳台世界杯、CX中国极限赛总决赛、意大利超级杯足球锦标赛、鸟巢杯青少年智力运动会、北京市少年棒球联盟（鸟巢·名校杯）棒球赛、北京国际马术大师赛等赛事活动，众多体育赛事的举办推动了当地体育竞赛表演业的繁荣发展，也提高了国家体育场的综合效益和利用率。

此外，国外大型体育场馆都将联赛作为场馆经营开发的主要内容。这是因为：第一，联赛赛季长，场次多，社会关注度大，收益高；第二，联赛具有持续性，易于形成群众稳定的消费习惯，有利于打造品牌。因此，有条件的体育场馆可以与体育项目管理中心和职业体育俱乐部联系，积极引进职业体育联赛。

（二）群众性体育竞赛开发

举办群众性体育赛事，是带动群众体育发展的良好路径，也是体育场馆多功能开发利用的主要阵地。虽然群众性体育赛事不具备大型体育竞赛的影响力、知名度，没有其辐射范围广、经济效益高的特点，但是对体育场馆经营与开发而言具有竞赛组织难度小、场地硬件条件要求低、群众参与程度高等特点，是体育场馆多功能利用的有益补充。

（三）企业职工体育竞赛开发

随着我国经济社会的快速发展，人们生活水平的不断提高，企业职工体育活动、体育比赛，已经从单纯的锻炼身体、娱乐休闲，发展成为展示企业形象的窗口、增强职工凝聚力和激发职工斗志的平台；企业职工体育活动成为企业文化体系的一个重要组成部分，成为企业管理一个不可或缺的内容，成为企业发展的助燃剂。许多行业、企业因受场地、设施的限制，很难举办较大规模的体育赛事，这就为体育场馆的经营提供了机会。体育场馆在经营开发过程中要主动出击，利用自身场地优势和在体育竞赛组织与服务上的专业优势，开发大众化的、趣味性强的、参与面广的团队企业职工体育竞赛活动服务项目，丰富体育场馆服务内容。

二、全民健身服务

当前我国群众体育活动的开展已步入一个新的阶段，体育健身已成为人们生活中的一个重要组成部分。全民健身服务也是体育场馆的基本服务功能之一,多功能利用过程中要打造以体育场馆为主体的全民健身活动阵地,依托场馆全面落实全民健身计划,积极开展形式多样的群众性体育活动,丰富体育活动内容,提高体育活动效果。

(一)全民健身项目多元化

我国居民体育消费水平逐年攀升,体育消费呈现个性化、多元化、高档化的发展趋势,健身与休闲、娱乐、养生的结合趋势也日益明显。积极引进适合不同人群的新型体育项目,举办各种全民健身活动、群众性比赛和表演活动,吸引居民积极参与,例如宁夏体育馆多功能利用一直坚持以"体"为主的方针,相继推出羽毛球、乒乓球、网球、篮球、排球、台球、健美操、体育舞蹈、棋牌等十多种全民健身大项及20多个小项,实现了青少年体育俱乐部活动形式多样化和体育馆的体育设施资源共享服务模式。体育场馆在选择全民健身项目开发的过程中要认真考虑消费者的需求,如徐州奥林匹克体育中心在对徐州市民体育场馆需求的调研中发现,市民对篮球、游泳、羽毛球等运动项目的需求较高,因此徐州奥林匹克体育中心就将健身活动的重点聚焦在篮球、游泳、羽毛球等项目上,既满足群众运动需求又能增加场馆经济效益。

(二)全民健身服务方式多样化

体育场馆全民健身服务主要分为两类,第一类是以全民健身惠民服务为主,这类服务多数利用场馆资源以优惠价格或免费形式满足当地群众的体育健身需求。全民健身惠民服务的主要目的是凸显体育场馆的社会效益,对当地群众健康生活方式的培养、幸福指数的提升有重要的作用。例如为了凸显体育场馆服务社会的作用,上海市体育局专门在元旦期间将全市公共体育场馆向市民免费或优惠开放(见表3-3)。第二类全民健身服务是以经营性服务为主,体育场馆根据自身功能特征,开发各类符合市场需求的全民健身活动产品,通过市场经济手段提升经济效益,使全民健身运动更加广泛、深入开展,促进体育与文化、教育、旅游紧密融合,提升全民健身活动的文化品位和吸引力。充分利用各类体育场馆的空间设施,加强"假日体育""广场体育""大型活动"的建设，提升全民健身活动的文化品位和吸引力，从而提高体育场馆的人气和利用率。例如广州天河体育中心以体育休闲公园的形式，形成体育设施与城市建设、环境建设、园林建设相融合的公园模式，为体育运动爱好者营造良好的全民健身活动环境，也为天河体育中心带来良好的经济效益。

表3-3　上海源深体育中心2012年元旦各公共体育场馆开放情况一览表

场馆名称	开放场馆	开放项目时间
源深体育中心	体育场内场跑道	6：30—17：00
	乒羽中心羽毛球馆	7：00—17：00（5片场地）
	乒羽中心乒乓球馆	7：00—17：00（3张台子）
	源深网球中心	7：00—17：00（1号馆3片场地）
	体育馆羽毛球场	9：00—17：00（5片场地）
	游泳馆	8：00—9：30 10：00—11：30 12：00—13：30 14：00—15：30 （每场50人）
	篮球公园	9：00—11：00（篮球）
	张德英乒乓球馆	13：00—15：00（2片场地）
	竞天台球	9：00—11：30（2张斯诺克，2张美式）
	滑板公园	12：00—17：00
	索福德足球世界	10：00—12：00
	乒乓球	1月1日13：00—17：00
	游泳	1月1日13：00（领取50张免费券）、15：00（领取50张免费券）

三、专业队训练服务

近年来我国竞技运动水平有大幅度提高，同时也对业余训练和高水平专业训练提出了更高的要求。我国部分体育场馆设施完善、环境幽静、气候宜人，能够满足多层次训练安排的要求。例如中国乒乓球队有正定、黄石训练基地；中国女排有漳州训练基地；最为典型的是国家体育总局训练局体育场馆，成为我国大多数奥运军团的训练基地。我国大多数专业运动队训练基地都是依托体育场馆建立的，体育场馆是各类运动队训练的基础，提供运动队专业训练服务也是我国体育场馆多功能利用的重点，例如广州亚运会新建的自行车馆在赛后利用过程中承担了广东队、香港队、省残联等8支自行车队训练服务；小轮车场承担了广东、辽宁等5支省队的训练服务；广州亚运会新建的自行车馆在赛后利用过程中主要承担全国各地自行车队训练服务。专业运动队训练具有周期性的特点，冬季是各个专业运动队训练的重要阶段，我国北方多数城市因气候原因不利于部分项目的专业队训练，所以我国南方体育场馆可以利用地域优势、气候优势，积极开拓专业队训练市场，为各类运动队提供运动服务。

此外，专业运动队训练通常会需要住宿、餐饮、医疗、康复等配套设施和服务，有条件的体育场馆可以完善相关服务，承担高水平运动队、职业俱乐部的集训服务任务，甚至可以接受国外运动队前来训练。相信经过一定时期的经营、发展与完善，应能成为可提供全方位、多功能、现代化服务的国内高水平竞技运动训练基地。

四、业余培训服务

业余培训功能是体育场馆的重要功能之一，随着我国经济社会的不断发展，综合素质培训与技能学习越来越受到人们重视。2008年，中国人均GDP首次超过3000美元，这为改善国民消费结构，追求健康体育方式和人的全面发展奠定了物质基础。

（一）体育培训

"全民健身计划"和"全国亿万青少年学生阳光体育运动"的全面推广，为我国体育培训市场迎来了快速发展的契机。体育场馆是各类体育运动技能培训的基础设施，也是体育培训服务开展的重要依托，利用体育场馆设施资源，举办各类体育培训班，满足不同运动爱好者的运动技能培训需求，是体育场馆多功能利用的重要内容。例如南京奥体中心在满足市民日常健身外，还十分重视各类健身项目的培训。目前开放的培训项目有高尔夫练习场课程，网球、羽毛球、篮球以及游泳等，针对多元化的培训需求提供多元化的培训服务,并取得良好的综合效益。

(二)其他教育培训

随着社会人才竞争的日趋激烈,人们把更多的收入投入到教育培训中,这既表明社会对教育的有效需求不断增加,也相应地扩大了教育投资的源泉。体育场馆可以利用配套设施完善、交通便利、环境优美的优势,在开展各类体育培训外,通过招商引进、房屋出租与合作经营等形式,有针对性地开发其他教育培训服务。例如,深圳湾体育中心通过详细的市场调研,将商业项目定位为寓教于乐的少儿一站式培训中心,从而有别于国内多数场馆以娱乐、零售为主的业态,为青少年儿童提供了一片净土。他们琴棋书画、声乐舞蹈、剑道跆拳道项目样样都有,让充满竞争意识的体育场馆变成寓教于乐的家庭乐土,同时配以特色餐饮及休闲娱乐,打造深圳首个以"寓教于乐"为主题的综合型商业新地标。通过准确的商业定位,高品质的商户引入,深圳湾体育中心已成为幼儿、青少年课外培训的理想平台,同时也为场馆本身带来巨大的经济效益。

五、体育文化传播服务

体育文化是人类自身需求的特定反映,它是人类在体育生活和体育实践中创造出来的,并通过有形的身体形态、动作技能、运动器材、物质以及无形的与社会属性相关的意志、观念、时代精神反映出来的,显现了体育特色的存在方式。体育场馆是传播体育文化的重要载体。体育文化传播也是体育场馆多功能开发的重要功能之一。尽管从表面上看它并不产生直接的经济效益,但它却是体育场馆经营与管理的核心和灵魂之所在。从长远和宏观视角看,它带来的间接经济效益将是持久的、巨大的。体育场馆的建设风格、历史经历等,都承载了其特定的体育文化,如"鸟巢"承载着奥运文化、广州越秀山体育场承载着广州的足球文化,特色体育文化资源成为体育场馆重要的无形资产。

体育场馆以其独特的体育文化所具有的差异性,传承着可开发的文化资源。体育场馆若想多功能利用自己独特的文化资源需深入挖掘自己场馆的独特文化特质，再依托场馆组织开展体育文化传播活动，展示体育文化遗产，传播体育文化精神，推广体育运动文化和地域文化，从而提高场馆和城市的知名度和美誉度。例如位于福建漳州的中国女排腾飞馆就以独特的方式宣传和传播中国女排崛起的精神，特别是位于中国女排腾飞馆内部的纪念馆，通过244幅历史照片、荣誉奖章、奖状、奖杯仿制品、签名排球、题词、剪报、刊物、画册，以及中国女排姑娘刻苦训练时使用过的部分实物等大量历史资料和文物，向全世界传播中国女排精神。而中国女排腾飞纪念馆自建馆以来，已经接待了数以万计的社会各界人士，受到全社会的广泛关注。

六、体育用品集散地服务

体育场馆和体育用品是体育运动的基础，这两者可以在体育场馆赛后多功能利用过程中相互作用。随着居民参加体育活动的热情不断提高，居民对体育用品需求必定会不断增加，体育场馆有可能以租赁或合作经营的方式为厂商搭建体育用品销售和展示的平台，使居民在体育场馆健身、娱乐、休闲的同时，为其选购体育用品提供方便。参照国内外众多体育场馆的做法，可在体育场馆内建立一个体育用品集中展销平台，这种利用体育场馆本身的品牌效应所搭建的展销平台，是其他任何场地都无法比拟的，强馆与强体育用品品牌的联合，本身就为城市创造了美好的体育文化。体育场馆为国内外著名体育用品生产与销售厂商提供产品销售平台，已成为城市一道亮丽的风景线。

七、会议会展服务

会议会展业因其附加值高、产业关联度大、集聚性强、经济效益高等受到各城市的高度重视。利用体育场馆宽敞的空间环境和优越的配套设施，发展会议会展是体育场馆多元化经营的重要方式。举办各种会议和会展还能聚集人气，提升场馆的文化品位。通过利用体育场馆的物业资源和优势，拓展会议会展项目，已成为提升体育场馆的知名度和经济效益的重要手段。

（一）会议功能开发

体育场馆会议功能开发可以利用体育场馆的场地设施和功能用房，为各类大、中型会议活动提供设备租赁、会议场地、会场搭建布置等服务。例如惠州体育公园在运营过程中利用毗邻市政府的地理优势，着重开发会议服务功能，为惠州市政府会议及其他会议提供服务，而会议服务收益已成为惠州体育公园的重要收入来源之一。通过对美国体育场馆考查发现，会议功能也是国外体育场馆的重要开发功能之一，如纽约麦迪逊广场花园多次举办各类大型会议和集会，克林顿和乔治·布什两位美国前总统的党内选举集会都在纽约麦迪逊广场花园举行。

（二）商业展览功能开发

随着经济全球化与中国在世界贸易组织的发展，中国企业走出国门直接参与国际市场竞争已成为摆在中国企业经营者面前最迫切的课题。商业会展作为企业营销领域中众多的组织形式之一，在企业品牌发展中扮演着重要角色。体育场馆由于其场地开阔、设施完善等优势经常成为众多行业举办专业展览的重要场所，体育场馆经营与管理人员应主动联系企业和行业协会，为国内外企业生产与销售的厂商提供展示产品的舞台，促进交流与良性竞争的发展，挖掘其中蕴藏的巨大商机。商业展览是广州体育馆重要的经营项目和收入来源之一，通过举办各类商业展览有效地加强了场地的利用率，还为广州体育馆带来明显的经济效益。

八、企业节庆服务

随着我国经济的发展，企事业单位节庆活动已成为当代社会新兴的一种重要的单位文化活动。通过举办节庆活动可以达到弘扬组织文化、增强员工团队意识和单位凝聚力的作用。企事业单位节庆活动的举办离不开宽阔的场地和完善的设施，而体育场馆由于其场地、设备、环境符合企业节庆活动的条件，已成为众多单位举办节庆活动的首要选择。

由于提供单位节庆活动场地服务具有影响大、回报高、成本低、形式灵活等优点，已成为体育场馆多功能利用的不可或缺的项目。特别是对于中小型体育场馆而言，由于其场馆设施不具备举办大型体育场馆和活动的条件，在多功能利用过程中只能选择区别于大型体育场馆的利用方式。而大多数企事业单位节庆活动考虑活动效果和活动成本等因素，通常不会选择大型体育场馆举办节庆活动，这为中小型体育场馆提供了绝佳的机会。如深圳盐田体育中心在多功能利用过程中曾举办多次企事业单位节庆活动，并取得了良好的社会影响力和经济效益。

九、旅游休闲服务

旅游休闲业既是综合性较强的产业，又是依托性较大的行业。体育与旅游、休闲的捆绑互动、优势互补，能使体育资源与环境资源得到有效挖掘和配置。开发体育场馆旅游休闲市场，整合体育旅游资源，发展大众体育旅游，推动体育旅游经济，是提升体育场馆利用率的重要渠道。体育场馆由于其独特的建设外形，重大体育活动举办地，优美的环境等重要因素，容易成为群众旅游观赏的景点。体育场馆多功能利用开发旅游休闲服务，能有效提升体育场馆人气，提高体育场馆利用效率。"鸟巢"在后奥运时期已经发展成为世界级的景点，截至 2010 年 5 月，旅游参观人数达到了千万人次，平时能达到日均 1 万人左右，节假日增至 2 万到 3 万人，创造了世界奥运场馆赛后旅游参观的世界纪录，也为鸟巢的多功能利用带来了丰厚的综合效益。

目前，我国体育场馆旅游休闲功能开发主要以观光旅游为主，服务方式较为简单，只做到使游客"来得了"，并没有做到使其"留得住"，多数游客观光后很难有再次旅游休闲的冲动。特别是随着人们对体育场馆重大历史事件的逐渐了解，新鲜感降低，体育场馆旅游休闲群体数量呈显著性下降趋势。如随着北京奥运会的逐渐远去，"鸟巢"与"水立方"的观光游客出现了大幅下降，其中"水立方"的旅游业务整体收入占比，已由曾经的 70% 下滑到了 33%。体育场馆旅游休闲功能开发应该由场地式服务转变为内容式服务,通过举办大型体育赛事、体育博览会、文艺汇演等活动,丰富体育场馆旅游休闲的内容,真正做到"来得了,留得住,带得走"的立体式开发。

十、文艺汇演服务

国内外经验证明,体育场馆的文艺展览等活动的收入在场馆总体收入中所占的比例较高,其经济效益和社会效益十分显著。近年来,我国各类文艺汇演活动日趋频繁,对外文化交流也日益增多,国内外演艺明星经常前来举办大型演唱会。体育场馆由于其场地条件优越,音响、照明、电视直播等设备的现代化程度高,服务设施齐全,已成为我国文艺会演活动重要的选择场所。例如香港红磡体育馆高度重视场馆文艺汇演功能及用途的开发,经常举办各类演唱会、音乐会及娱乐活动,每年的使用率高达90%以上,已成为香港歌手梦寐以求的演唱会的表演场地,能在香港红磡开个唱意味着对歌手实力的肯定。

体育场馆多功能利用应积极开发文化艺术演艺活动服务,承办各类文娱会演活动,培养文化演艺品牌项目。一方面,精彩的文艺演出将更多地吸引公众的关注和参与,凝聚人气;另一方面,体育场馆开展多种经营活动、综合利用其资源,可以增加场馆经营收入。通过在体育场馆内临时搭建舞台,把贵宾室、运动员休息室、裁判员休息室等功能用房作为演出人员的休息、化妆及准备室,即可举办各类演唱会、音乐会及文艺表演活动。如"水立方"积极发展文化创意产业,将艺术文化与收藏引入场馆,举办书画展、摄影展、高端产品展示、时装秀、颁奖礼等形式的文艺活动,形成了"艺术水立方""梦幻水立方"等文化品牌、演出品牌。

十一、应急避险服务

应急避难场所是为了人们能在灾害发生后一段时期内,躲避由灾害带来的直接或间接伤害,并能保障基本生活而事先划分的带有一定功能设施的场地。通常这类场地要求安全、方便，并达到一定的面积，体育场馆由于空间大、安全性高、交通方便、位于人口密集区域的特点，通常成为群众应急避难的重要场所，由此应急避险也成为体育场馆的重要功能之一。体育场馆是一个紧急避难的重要场所，有齐全的配套设施，一旦灾难发生，立即启动。我国对其也越来越重视，例如汶川地震时，四川绵阳市将万名地震灾民安置在体育馆内；2008年雪灾，天河体育中心也曾经成为春运期间广州火车东站地区最大的临时安置点。

十二、配套综合服务

体育场馆配套综合服务是指与体育场馆多功能利用与开发相关的各类服务，主要包括停车、住宿、餐饮等服务功能。体育各个功能用途的实现离不开配套综合服务的保障，体育场馆多功能利用也离不开配套综合服务的提供，配套综合服务是体育场馆多功能利用的"润滑剂"，只有完善配套综合服务功能才能聚集体育场馆人气，才能承办优秀文体活动，才能接待专业和业余培训，才能提升体育场馆的软实力。

首先，随着人民群众的生活水平不断提高，私家车的保有量逐年增长，停车场的配备是体育场馆多功能利用必不可少的配套功能。体育场馆停车功能也是重要的经济收入来源，如广州天河体育中心每年停车服务收入超过300万。目前国际上停车位与体育场馆座位数的配置比例一般在1∶5到1∶18，我国体育场馆停车位指标可参考1989年由公安部和建设部发布的《停车场规划设计规则》，基本比例在每100个座位设置2.5个停车位左右，由于社会不断发展，各体育场馆可根据实际情况进行调整。

其次，在体育场馆范围内设置餐饮服务，可以方便观赏完高水平赛事和参加运动后的群众，为他们提供一个就近的用餐场所。这不仅可以丰富体育场馆服务内容，还可以盘活体育场馆的经营，带来物业出租方面的收益，一举两得。

最后，有条件的大中型体育场馆可以设置住宿功能，或者与周边区域的酒店形成战略联盟，为专业运动队或者外地游客提供住宿服务。住宿功能的配备，可以将体育场馆打造成真正能接待专业运动队训练的基地。

国内外场馆运营的成功经验表明，在城市规划的引导和控制下合理设置停车场、餐饮、住宿等配套设施，既可以满足市民运动、休憩、餐饮、购物的多元化需求，又可以盘活场馆的资产经营，保障经济效益。体育场馆在多功能利用过程中应按照城市规划的相关要求，科学、合理地设置和完善其配套综合服务，为市民进场活动提供更多便利。

第四节　体育场馆多功能利用的总体目标、原则和途径

体育场馆赛后利用是世界性难题，体育场馆多功能利用不仅面临如何提供体育公共服务，拓宽全民健身空间的任务，而且还需要解决如何搭建体育产业发展平台，提升体育场馆经济效益的问题。目前广州天河体育中心、南京奥林匹克中心、北京万事达体育中心等一批多功能利用较好的体育场馆已有成功经验，而部分利用率低下的体育场馆所暴露的问题也引人思考。体育场馆多功能利用是一项系统工程，从宏观的指导思想到微观的体系构建，从主要目标到基本原则都需要认真分析和探讨。

一、体育场馆多功能利用的指导思想

体育场馆多功能利用要充分发挥体育综合效益、充分利用体育场馆综合功能服务人民群众，以彰显城市运动特色、共建和谐社会为主线，以增强体育场馆持续服务社会功能为目标，立足场馆实际、着眼综合利用，积极探索体育场馆多功能利用方式。坚持面向社会、服务大众，坚持以体育服务丰富城市内涵、以体育文化增添城市魅力、以体育运动提

升市民生活品质，不断增强城市的综合实力和影响力，促进体育事业全面协调可持续发展，为全面建成小康社会和构建社会主义和谐社会做出积极贡献。

二、体育场馆多功能利用的总体目标

体育场馆多功能利用的总体目标是体育场馆通过多功能利用成为当地体育公共服务均等化的示范点，成为传播体育文化、弘扬体育精神、充分体现城市人文精神的城市景观，成为体育符号鲜明、地域特色浓郁、体育内涵深厚的都市体育地标。体育场馆综合利用效益明显提高，体制机制更加完善，形成以全民健身为龙头，以竞技训练、竞赛表演、技能培训等为补充的以体为本、全面发展的多功能服务体系。具体的多功能利用目标有以下三个方面：

（一）以社会效益为中心，追求经济效益的最佳化

纵观目前国内外体育场馆多功能利用，均以提供公共体育服务、追求社会效益为中心任务。在我国目前经济社会发展尚未达到较高水平的情况下，体育场馆多功能利用要着重突出社会效益，促进大众体育健身意识进一步增强，使参加体育锻炼人数显著增加，逐步培养体育消费习惯，扩大体育场馆社会服务范围，聚集体育场馆社会人才，提高体育场馆利用效率。根据体育场馆功能现状开发多样化的服务产品，延伸体育场馆服务链条，提升体育场馆服务质量，促进体育场馆经济效益的逐步提高，最终实现社会效益与经济效益并重，追求综合效益最佳化的总体目标。

（二）以弘扬体育文化为基点，兼顾综合性服务开发

体育场馆多功能利用过程应以弘扬体育文化为基点，利用体育极其丰富的文化内涵，使体育场馆多功能利用与经济社会的发展相辅相成，并能对经济社会的发展起到重要而独特的推动作用。积极开展自主经营、租赁承包、物业开发等综合性服务开发活动，使体育场馆发展与区域环境发展相结合、体育场馆服务与区域社会服务相配套、体育场馆多

功能利用与人的多样化需求相匹配，整合体育场馆多元功能与社会多元资源，提高自身的综合开发价值，同时也带动周边社会环境的开发与完善。

（三）以多种经营为方针，逐步提高经济效益

国内外体育场馆多功能利用的实践证明，按市场经济规律运作，开展以体育服务为主，以物业开发、康体娱乐、休闲旅游为辅的多种经营活动，是体育场馆生存与发展的必由之路。体育场馆多功能利用应充分发挥场馆功能特征，挖掘场馆优势资源，结合周边环境资源，把开发竞赛表演市场、健身休闲市场、体育培训市场、体育旅游市场与文艺歌舞娱乐和大众文化活动、配套商务服务等融为一体，通过提供完善、配套和有特色的项目及优质服务，积极开展多种经营活动，与市场经济运作的规律相适应，积累体育场馆发展资本，达到自我积累、自我发展的可持续性目标。

三、体育场馆多功能利用的基本原则

（一）提供公共服务，着力推进全民健身

把体育场馆利用重点从满足竞赛需求转移到提供全民健身服务上来，着力增强场馆公共服务功能，推动体育场馆在赛后快速转型。充分利用体育场馆自身优势，因地制宜，更多地向市民提供丰富的公共体育服务，把体育场馆打造为场地设施先进、服务优良、健身氛围浓厚、健身指导专业，深受人民群众喜爱的区域性全民健身示范站点。

（二）激发场馆活力，逐步减轻财政负担

在确保体育场馆的社会效益，最大限度为人民群众提供公共体育服务的基础上，深入挖掘场馆多种功能，努力为人民群众提供个性、时尚、专业的体育产品和体育休闲服务。既要满足人民群众日益增长的多层次、多元化的体育文化需求，又要提高场馆的利用效率，既要增强馆的经营活力，又要为场馆创造效益，逐步减少财政对场馆的投入。

(三）加强科学管理，确保国有资产增值保值

牢固树立"管理就是效益、管理就是效率"的理念，坚持把能否管理好、维护好体育场馆作为衡量运营管理水平的标准，使人民群众持久享受优质的体育服务。认真总结国内体育场馆多功能利用管理运作的有效经验，及时转化为科学完善的管理制度，最大限度地降低体育场馆多功能利用的损耗，做到常用不衰、常用常新，确保体育场馆保值增值。

（四）传播体育文化精神，打造都市体育地标

体育场馆是城市综合实力建设的重要组成部分，是体育事业快速发展的象征，更是传播体育文化的重要载体。体育场馆多功能利用应根据场馆特点和区域体育文化特点，进行整合利用、差异化发展，把体育场馆打造成集中展示区域发展及人文精神的形象标志，进一步擦亮城市品牌，提升城市软实力，为构建和谐社会提供强大的精神动力。

四、体育场馆多功能利用的途径

方法论，就是人们认识世界、改造世界的一般方法，是人们用什么样的方式、方法来观察事物和处理问题。体育场馆的功能很多，各地体育场馆功能开发的做法各有千秋，只有发现体育场馆多功能利用的主要矛盾，总结出普遍规律才能更好地指导体育场馆经营与管理的实践开展。

（一）组织推广体育赛事和全民健身活动

政府建设体育场馆是为了满足民众健身和精神文化生活的需要，提供各类体育场地是体育场馆经营的重要内容。体育赛事和全民健身是我国体育场馆发展的两个龙头，也是体育场馆多功能利用的主要内容。体育场馆重点开发各类体育赛事和全民健身活动能较快地提升体育场馆的人气，开拓体育消费市场，为体育场馆创造综合效益。

体育场馆开发体育赛事和全民健身活动的途径有三个：第一，通过体育场馆自身的资源，组织各类体育赛事和全民健身活动，此途径对体

育场馆资源整合能力和人员素质的要求较高,并存在一定的风险;第二,通过场地出租的形式举办体育竞赛和全民健身活动,这种做法形式简单,体育场馆只是提供场地服务,风险性小,但是收益不高。目前我国大多数体育场馆采用场地出租方式举办体育竞赛和全民健身活动;第三,通过合作开发模式,体育场馆与其他机构合作开发体育竞赛和全民健身活动,体育场馆通过包括场地资源在内的多项资源入股,实现项目共同开发、风险共同承担、收益共同享受。

(二)利用场馆资源开展各类培训

随着经济社会的高速发展,社会对人的综合素质的要求越来越高,适者生存的竞争理念已被广泛接受,人的全面发展是否适应社会发展的要求已成为社会关注的热点。随着社会人才竞争的日趋激烈,人们把更多的收入和投资投向各类培训,这既是社会的需求,也是个人提高素质的需要。体育场馆由于环境优美、交通便利、设施优良,具备良好的培训项目开发的硬件条件,成为人们开展多种培训资源的平台。

体育场馆的体育培训开发依靠体育系统的资源优势,通常是采用自主开发的途径。然而对于其他非体育的培训活动,多数以房屋出租的形式进行开发。体育场馆开展各类培训项目的过程中有几个方面要引起特别重视:第一,培训项目种类繁多、培训对象广泛,在开发过程中要根据区域经济社会发展状况,有针对性地开发;第二,培训市场只是培训服务产业链的一个环节,体育场馆可做好配套商业开发,引进餐饮、图书销售等配套服务,争取完善培训产业链,拉动体育场馆其他服务;第三,引进培训机构时要注重其品质,优质的培训机构会带来广泛的人气,从而影响体育场馆其他经营工作。

(三)开发各类企业体育文化活动

随着经济全球化的发展,企业处于经济结构、社会制度、文化价值的重新组合过程中。企业的管理方式和文化建设都在面临更大的挑战和竞争。众多企业通过开展各类体育文化活动,以此提高企业的知名度,树立企业的良好形象,增加员工的凝聚力,最终提升企业的综合竞争力。由于体育场馆的设施条件符合企业举办各类体育文化活动的要求，因此众多企业选择将体育文化活动放在体育场馆举办。未来随着企业的快速发展，企业体育文化活动的需求势必会越来越大，体育场馆应敏锐地掌握市场动态，主动为企业提供丰富全面的体育文化活动服务。

(四) 参与引进文化演艺和休闲娱乐活动

国际休闲研究的权威人士杰佛瑞·戈比、托马斯·古德尔等人认为，2015年前后，世界发达国家将进入"休闲时代"，休闲、娱乐活动和休闲旅游业将成为下一个经济大潮，并席卷世界各地。届时，休闲服务将主导世界劳务市场，国内生产总值中会有一半以上的份额由休闲产业创造出来，人们将把生命中一半的时间和一半的金钱用于休闲。文化演艺和休闲娱乐活动是人们休闲活动的主要内容，也是体育场馆承载的主要功能，当前体育文化演艺和休闲娱乐活动是体育场馆经营的主要来源之一。体育场馆由于场地广阔、音响设备完善、私密性强，成为体育演出公司和文化娱乐公司举办各类休闲文化活动的重要场所。特别是大型体育中心，可通过引入体育公园的概念，做好绿化工作，打造优美宜人的休闲活动环境。

(五) 推广体育场馆冠名及其广告业务

冠名作为一种具有广告价值的经济资源，已经在体育、文化活动、城市设施、交通运输等方面广为应用，成为一个吸引大众注意力的时代速记符号。现代社会，一场围绕着冠名权以获得品牌效益和媒体宣传的商业竞争已经展开，冠名权已成为众多企业对外展示形象与实力的新手段。冠名权及其他广告资源是体育场馆重要的无形资源。国外体育场馆多功能利用的实践说明，对体育场馆的无形资源进行有效开发将产生巨大的经济效益。例如著名的NBA湖人队的主场斯坦福体育中心被斯坦福公司冠名20年，冠名费用达到1.16亿美金。

当前我国体育场馆虽然已开始尝试冠名及无形资产的开发，但是与国外相比还有很大的差距，当然也存在巨大的潜力。未来体育场馆在冠名及广告业务开发方面可以着重从以下几方面开展工作：第一，引进各

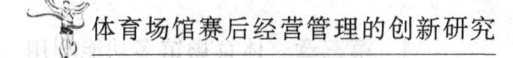

类品牌体育文化活动，提升场馆的曝光率；第二，合理规划场馆的广告资源，创造良好的广告价值；第三，主动走向市场，精心策划，加强对知名企业的营销推广；第四，丰富回报内容，建立多层次、多渠道的回报体系；第五，加强与体育中介公司和广告公司的联系，开拓客户资源渠道。

第四章 体育场馆营销管理

第一节 体育场馆营销管理概述

随着我国社会经济的快速发展,人民生活水平的迅速提高,我国的竞技体育水平和全民健身热潮也得到了迅速的提高。作为我国体育事业发展的重要载体和平台——体育场馆建设逐渐受到人们的广泛关注。体育场馆的建设不再同过去一样仅仅局限于体育竞技、体育训练和学校体育教学,而是更多地面向社会公众,服务于市民群体的健身娱乐活动。随着体育场馆逐步面向社会,服务大众,其经营与管理的角色日益凸显,于是出现了对掌握体育场馆经营与管理相关知识与技能人才的需求。

一、体育场馆营销管理的相关概念

(一)市场营销与体育市场营销

市场营销作为现代企业管理的一项重要职能,已经有近百年的历史。随着市场营销理念与方式的变化与发展,理论界和业界对市场营销的认识、理解也经历了一个发展的过程。

第一个有关市场营销的正式定义于1935年提出,最初的定义是"市场营销是一种引导产品和服务从制造商流向消费者的商业行为。"该定义明确了市场营销衔接生产与消费的功能。直到1984年,美国市场营销协会(American Marketing Association,简称AMA)都一直在使用这个定义。

自20世纪80年代以来,随着市场营销领域的发展,市场营销的概念也被理论和实践者频频修订。2004年8月,在美国波士顿举办的"夏季教育者国际会议"上,AMA发布了新的市场营销定义:"市场营销是一项组织功能,是一系列创造、交流和传递价值给顾客并通过满足组织和其他利益相关者的利益来建立良好的客户关系的过程。"新的定义反映了当代市场营销理念与方式的变化趋势,引起了国际市场营销理论和企业界的广泛关注。它强调以顾客为中心而不是以品牌为中心,顾客是企业产品的最终消费者,决定着市场营销的目标与方法。

如果说市场营销是指在以顾客需求为中心的思想指导下,企业所进行的有关产品生产、流通和售后服务等与市场有关的一系列经营活动,它的过程包括对一个产品,一项服务或一种思想的开发制作、定价、促销和流通等活动,目的是经由交换及交易的过程达到满足组织或个人的需求目标。那么,体育市场营销就是把市场营销的一般原理和过程运用到体育产品的营销中,即体育市场营销是为了满足消费者的需求,实现体育组织的目标,对产品、价格、分销和促销所进行的一系列活动计划、实施和控制过程。体育市场营销学是对与体育市场营销有关的活动对象进行研究的一门应用性科学。

(二)体育场馆营销的概念

体育场馆营销既是市场营销的一个分支,也是体育市场营销的一个分支。一般而言,体育场馆的营销管理,是把体育市场营销的产品限定在围绕着体育场馆而产生的产品和服务上。运用市场营销学的管理和营销方法,根据市场的需要和所在地区的体育消费,开发体育场馆资源的市场活动。

面对越来越激烈的体育市场竞争,体育场馆的市场营销也越来越受到重视。各个体育场馆都在利用各种机会和手段来宣传和扩大自己的知名度,采用多元化、现代化的营销手段来提高场馆的经济附加值,处理好与政府、社区、媒体、消费者等公众的关系,开拓多种渠道与他们进行沟通,以吸引现实和潜在的消费者。通过满足顾客需求和实现顾客的价值,提高顾客忠诚度,实现自身的经营目标。

(三) 体育场馆营销管理的特点

体育场馆营销是体育市场营销的一个分支,因此它具有体育市场营销的一般特点。然而,由于体育场馆产品和市场具有不同于一般产品和市场的特性,营销活动中还应充分考虑其特殊性。体育场馆产品具有有形和无形两种形态,又具有实物和服务两种属性。除此以外,场馆产品还有公共产品特征,因而体育场馆营销自身特点十分突出。

1. 体育场馆市场营销对社会与经济环境依赖性强

体育消费需求是高于基本生活需求的高层次需求,经济前景良好是大众体育消费以及体育赞助、体育产品市场繁荣的条件和基础。以美国NBA职业体育市场为例,在社会大的经济环境下,就连汽油价格的增长都会敏感地影响到球迷们是否驾车出行看球。2008年次贷危机期间,为了保持自己的市场竞争力,NBA俱乐部采取了一系列球票促销措施,包括赠送加油卡、免费停车卡以及纪念品打折卡等。虽然暂时稳定住了球票销售的态势,可是俱乐部当时明确感知到了赞助商对于体育投入的力度在明显下降,兴趣不足。凯尔特人队前一个赛季夺得冠军,都未能赢得更多的赞助商和收益,虽然登门洽谈的商家比以往多出了35%,但是真正签订合同的非常之少。奥兰多魔术队上个赛季多年来第一次打进季后赛,球队正在建设新的球馆,死忠球迷非常配合,在球馆的建设期间就已经有45个包厢有了买主,但是赞助商却大多意兴阑珊。为了挽留赞助商,他们不得不将所有的赞助合同金额下调10%。在大的经济前景不明朗的情况下,职业联赛、职业体育赞助、包厢销售以及产业链源头的场馆营销都会受到经济形势的冲击。

2. 体育场馆营销多元化日趋突出

体育场馆市场的发展与社会的发展联系极为密切。在市场经济条件下,市场的主体和客体都发生了较大变化。体育场馆市场经营由单一的国有经济市场主体,不断扩展增加了混合经济市场主体、股份经济市场主体,大大提高了体育场馆市场营销的竞争力。从体育场馆的投融资和经营模式看,存在着事业单位企业化运作模式、"BOT"(建设—经营

—转让）模式、PPP（公私合伙制）模式、委托经营管理模式等多种模式并存的经营方式。仅以北京 2008 年奥运场馆投融资模式为例，就有 PPP 模式的国家体育场；海外华人捐款的国家游泳中心；BOT 模式的国家体育馆、五棵松体育馆和奥林匹克水上公园；中央财政建设的北京射击馆和老山自行车馆；以及财政补贴加自筹的北京大学、北京科技大学等大学校园内的奥运场馆。体育场馆经营方式的多元化，也为体育场馆产品数量、种类的大幅增加，跨行业的生产经营体育产品和服务提供了条件。

3. 体育场馆市场营销难以把握产品的质量标准

为产品制定质量标准能保证产品生产过程的监控，保证产品生产完成后的质量验收，其主要目的是为消费者提供满意的产品。通常的产品质量有一定的检测指标，以指标的检测结果衡量产品的等级或确定是否达到规定标准。制定服务产品的质量标准很难，而在我国体育场馆市场不完善的环境下制定体育场馆的质量标准难度就更大——生产过程可变因素多、消费者个体差异大、社会消费欲望的满足程度判断标准复杂等。以 2012 年 6 月被爆破拆除的沈阳绿岛体育中心为例，该中心建成使用不足十年，建成之初仅购买人工草坪一项就斥资 100 多万美元。整个体育场内布置得相当豪华，体育场四周都安排了包厢，加上普通座椅以及伸缩看台，可以容纳 3.3 万名观众。在不到十年的经营中，由于地处郊区，近些年来又与沈阳奥体中心、铁西体育场等大型体育场馆形成竞争关系，导致利用率较低，最终沦为一座仓库。而另一方面，我国人均体育场地拥有面积小，老百姓身边的体育设施尤其少。对于老百姓来说，他们最需要的是身边的、小型的、便民化的体育设施。政府与民众在建设体育设施上的理念差异，导致我国的不少城市花费巨大的代价建设大型体育中心，却苦于赛事资源不足，体育场馆虽然设施"豪华"，却达不到普通市民的基本使用需求标准。

（四）体育场馆营销管理的基础与对象

1. 体育场馆物业管理

"物业"一词由英语 Property 或 Estate 引译而来，其含义为"财产""资产""拥有物""房地产"等，后由我国的香港地区传入内地。体育场馆作为大型社会公共建筑项目，属于一种特殊的物业形态。2000 年以后，我国举办的大型体育赛事，奥运会、亚运会、全运会、世界大学生运动会等各级别、各层次体育赛事给各地体育场馆建设带来了生机，同时也留下了如何充分利用体育场馆的难题。秉承"标准国际化、功能多元化、形象标志化、设备现代化"的规划原则，现代体育场馆物业管理普遍具有物业占地面积广、建筑规模大、功能综合性强、投资金额高，配套设施技术含量高、使用功能多元化、设备管理系统智能化等特点。

体育场馆物业管理除了一般基础性的卫生管理、场地管理、环境绿化管理、物资管理外，还包含租户管理。体育场馆一般性卫生、场地、环境管理是体育场馆物业管理的基础和基本工作职责，其工作内容较为基础，跨度大而琐碎，既包括卫生清洁等基础工作，又包含场地养护与布置、器材维修、绿化园艺等专业技能性工作，还包括固定资产管理与调配等行政性工作。体育场馆租户管理是指将体育场馆所属场地提供给承租人使用，承租人向出租人支付租金并在租赁关系终止后将场地返还给出租人的行为。体育场馆商业物业运营管理将在本章的后续节目中专门介绍。

2. 体育场馆设施设备管理

体育场馆设施设备管理被认为是体育场馆日常管理的基础性和保障性工作。体育场馆设施设备包含建筑类、基础设施设备类、体育器材三个大类。其中，建筑类设施设备包含运动场地、看台、辅助办公用房和技术用房等；基础设施设备包含供配电系统、消防系统、计时计分系统、空调系统、给排水系统和智能化系统等；体育器材包含田径类器材、球类器材、体操类器材、比赛辅助器材等。

根据现代管理理念，设施设备管理是一项系统工程，是对设备进行终身全过程综合管理，包括从设备技术开发、编制规划、研究、方案论证、定型、设计、制造、安装、调试、使用、维修、改造、更新直至废弃的全过程。因此，体育场馆设备管理应当以场馆设备使用全程为出发点，通过计划、组织、指挥、协调、控制，实施对设备的高效管理，最终达到设备使用周期最长，使用费用最经济、安全可靠，综合效率最高的目的。除此之外，体育场馆设施设备还应在设备前期管理和后期管理中充分考虑体育场馆行业的行业标准和技术规范，如《体育建筑设计规范》以及各单项项目、不同比赛级别、体育场馆商业运营对场馆设施的规定和要求。

二、体育场馆营销管理要素与环境

（一）体育场馆营销管理要素

1. 体育场馆机构设置与人力资源管理

体育场馆的组织机构，通过整体性的管理活动和信息传递，决定、影响着相关部门配置的合理性和效率。这使得整个体育场馆运营浑然一体，具有良好的整体效应，能够共同完成营销管理任务。体育场馆机构设置模式的选择，受到多种因素的制约和影响。因此，应根据场馆性质、规模、环境等客观条件，并充分考虑体育场馆的战略目标和任务等要求进行选择。

依据管理学的理论，体育场馆机构设置模式主要有直线制、职能制、直线职能制、矩阵制、事业部制。体育场馆机构管理，一般包含体育场馆中心主任负责制、中心主任领导下的馆长负责制、中心主任领导下的副主任分工负责制。中心主任负责制指中心主任全面负责，副主任不分管具体职能与业务部门，只作为中心主任的参谋与助手协调各项工作。中心主任领导下的馆长制指中心主任全面负责并主管主要部门的工作，日常业务运行工作由各馆长负责。中心主任领导下的副主任分工负责制指中心主任全面负责并主管主要部门，副主任分管相应部门，各馆长对分管副主任负责,副主任对中心主任负责。

2. 体育场馆日常运行管理

按照体育场馆日常管理的特征,可以将体育场馆管理流程划分为计划工作、组织设施、工作检查、过程控制和总结五个基本环节。计划是体育场馆管理的首要环节,是整个管理的依据。没有计划,管理工作就无法进行。组织是实施管理工作的中心环节,组织的好坏直接关系到预期目标能否顺利实现。检查是对计划预见性的监督,它不仅包括对下级的检查与监督,而且包括下级对上级的监督以及管理层自身的自查。各部门要相互监督、相互促进。体育场馆日常管理活动是一个动态过程,这个过程总会出现各种各样的状况,为了不偏离管理目标就必须对一切可变因素加以控制。体育场馆的日常管理过程,始终是围绕管理目标这一中心环节来运行的,它是一个实践、总结、再实践、再总结的循环过程。

学校体育场馆的日常管理主要涉及体育教学设施的了解、检查、准备、提供、回收、保养工作;相比较之下,公共体育场馆的日常管理涉及满足群众参加体育活动的需要、保持体育场馆的环境卫生整洁、保证体育器械设施的使用安全、对体育场地设施进行有效的日常维护、为百姓提供一个优美的体育运动环境。专业运动场馆的日常工作,主要是为专业运动员和运动队提供专业体育场地、器材设施,以及日常的维护管理工作。经营性体育场馆的日常管理应为顾客提供优质服务,做好设施设备的安全保养工作,满足人们的安全需求,在此基础上,为百姓提供体育健身培训的环境。

3. 体育场馆财务管理

在体育场馆运行过程中,体育场馆向社会提供的实物、服务等价值形态不断发生变化,由一种形态转变为另一种形态,周而复始,不断循环,形成了资金转动。所以,在体育场馆运行过程中,一方面表现为商品转动过程,另一方面表现为资金的转动过程。体育场馆财务管理是基于体育场馆运行过程中客观存在的财务活动和财务关系而产生的,是体育场馆组织财务活动、处理各方面财务关系的一项经济管理指标。

对体育场馆的财务管理按其性质进行分类，从经营理念上讲主要有经营性与非经营性财务管理。公共体育场馆主要是实现其社会价值，向社会公众开放，适当收取补偿性费用，不以营利为目的；学校体育场馆面向在校学生，以教学使用为主，不收取费用，寒暑假及空闲时间可向社会开放，收取适当补偿性费用；经营性体育场馆作为一种经济实体，就其本质来说是一种营利性组织，其经营出发点和归宿都是为了获利，并且还要在充满竞争的环境中实现生存和发展。要实现这些目标，经营性体育场馆财务管理工作就应以利润为导向、合理经营、有效地使用资金。

公共体育场馆由于有上级主管单位对其管理，虽然部分场馆有市场化经营成分，但其经营的目的与企业型体育场馆不同，公共体育场馆通常有全额预算模式、差额预算模式、自收自支模式、企业式管理模式。经营性体育场馆在市场竞争中的规模差异较大，在财务管理上主要采取集权型、分权型、集权与分权结合型等不同的模式和管理类型进行管理。

通常情况下，公共体育场馆财务管理包含预算管理、收入管理、支出管理、决算管理、审计管理等内容；经营性体育场馆财务管理则包含资金筹集、体育场馆投资活动、体育场馆日常运营资金活动、体育场馆收益分配活动等内容。

4. 体育场馆营销管理绩效评估

体育场馆营销管理绩效评估是保障管理工作顺利开展的一项重要工作，其绩效评估的内容，主要包括对体育场馆社会效益、经济效益和体育场馆人力资源以及体育设施资源的评估。

体育场馆的社会效益是影响体育场馆运营的重要因素之一，目的是了解体育场馆在社会影响力方面的信息，其评估指标体系主要包括体育场馆所承办的体育赛事与各类全民健身活动、体育场馆对外宣传以及体育场馆自身安全卫生等。

体育场馆的经济效益主要从财务的角度衡量。对体育场馆的经济效益进行评估，可以让管理者清楚体育场馆的经营收入，人均产值以及对社会所做的贡献等。评估指标体系主要包括体育场馆的固定和无形资产、职工的薪酬待遇、创造的利润以及资产管理等内容。

体育场馆人力资源是影响管理绩效的另一个重要指标。体育场馆人力资源的开发、利用、管理，体现了体育场馆的管理水平，是体育场馆能否可持续发展的动力资源。评估指标体系主要包括体育场馆管理者的创新与研究、人员的培训、专业技术与管理人员结构、场馆制度建设、办公条件与环境等因素。

体育设施资源主要包括体育建筑、体育场地和体育器材。通过对体育设施资源的绩效评估，管理者能够了解体育场馆对体育设施的利用情况、体育设施的开发与经济效益等。评估指标体系主要包括体育场馆的建筑设施、设备设施、器材设施、场地设施以及体育景观环境等因素。

（二）体育场馆营销管理环境

体育场馆存在于一定环境之中，环境的变化对体育场馆的发展有着重要影响。从运营角度来说，它有可能被环境毫无顾忌地消耗掉，也有可能通过适应环境而影响社会。一方面环境创造了体育场馆的管理模式，并制约着体育场馆运行管理的发展速度；另一方面，体育场馆运行管理对环境有着巨大的能动作用，能够不断地改造环境。

体育场馆营销管理环境主要指以体育场馆为主体的群体建筑物的整体环境。随着国民经济和体育事业的迅速发展，体育场馆不断兴建，这也带来了对合理规划体育场馆的建设布局、建立体育场馆建设综合评价体系，以及提升体育场馆营销管理文化内涵的要求。

三、国内外体育场馆营销管理历史、现状与发展趋势

（一）我国体育场馆营销管理模式的变迁

1. 管制型模式

自新中国成立以来，我国在修建综合性公共体育场馆上投入了大量

资金,这批由国家兴建、体育部门代为经营管理的公共体育场馆被视为体育领域最大的资本存量库,其管理模式也经历了一个发展变迁的过程。

管制型模式与当时特定的历史背景息息相关。这种模式的特点是以垂直行政管理为主,存有上下级隶属关系的管理机构和部门,通过自上而下的行政命令和行政干预来实施对公共体育场馆的治理。实际运行效果表明,公共体育场馆的经营管理方式为粗放型,场馆的责、权、利不清,自主经营能力薄弱,管理效率低下。

2. 经营型模式

从管理型模式到经营型模式是我国综合性公共体育场馆在社会经济体制转型过程中经历的最深刻变化,面对种种困难和问题,一种与社会主义市场经济相关联的经营性管理模式应运而生。这种模式的特点是积极引入市场机制,推行承包经营、租赁经营等市场化运行手段,转换政府职能,实施"管""办"分离。实际运行效果表明,部分公共体育场馆提高了经营水平和经营能力,开始出现扭亏为盈以及经济效益与社会效益双丰收的局面。

3. 对体育场馆新运营模式的探索

进入21世纪以来,随着国内体育市场的繁荣,体育经纪人的活跃、体育场馆经营管理实践的深入、国际体育交往的频繁,在国内不仅出现了场馆运营模式的新思考、新尝试,也引进了国外先进的管理经验和办法,包括委托管理、合作经营、承包经营等多种形式。总体上,这些新的管理形式,大多数保留了国家对国有场馆的产权,靠非政府监管和授权机构对体育场馆进行更有效的市场经营活动;少数场馆,如位于北京石景山区的五棵松体育馆,实现了完全市场化经营,且创造了可观的社会效益和经济效益。

(二) 国内体育场馆营销管理现状

我国大型体育场馆的经营管理模式受制于场馆的性质。传统的事业单位性质的体育场馆,在体育行政部门的领导和管理下,缺乏自主经营权，场馆经营对政府依赖过大，缺乏活力，严重制约了场馆的利用率和机制创新。

根据大型体育场馆设施的不同功能特点，我国大型体育场馆一般分为营利性场馆和公益性场馆，再进一步细化还可以分为：职业体育俱乐部、商业性体育娱乐设施、商业体育健身设施、公共性体育设施和学校体育设施等。我国大型体育场馆多数是公益性质的，其中以学校体育设施所占比例最大。学校体育场馆占大型体育场馆总数的54%，占公益性体育场馆总数的72%。我国大多数学校都具有功能完善的体育场馆设施，特别是大专院校，几乎都有独立的体育场、体育馆、游泳馆等，在充分满足了学校教学、课外体育锻炼、各种大型体育比赛的开展需求的同时，还可以向社会开放，承办国内、省内等大型比赛。

目前，尽管我国大型体育场馆的经营方式很多元化，但不能全部实现"以馆养馆"，这仍然是制约大型体育场馆发展的主要因素。大型体育场馆建设面积大、投入资金多、回报周期长的现实特征，特别是现有管理体制严重制约着场馆的经营管理这些问题，很多大型体育场馆的运营者也看到了，于是为了配合大型赛事的举办，赛事场馆的兴建，大家纷纷开始寻求新的经营和管理模式，如广州、长沙、南京等地一些场馆的成功的营利模式，更是刺激了大型体育场馆的经营方式的改革和转变。目前我国大型体育场馆的投融资模式、经营方式、营业内容、管理模式等都呈现出多元化的态势。

大型体育场馆建设与经营资金来源主要有政府财政资本、产业资本、民间资本和海外资本。体育的公益性和产业性双重属性，决定了作为公益事业的体育必须受政府领导，体育资金的来源主要是政府拨款。随着城市经营、市场运作等理念的深入人心，各大体育场馆纷纷开始通过各种体育赛事电视转播、企业赞助和广告、冠名权等多种方式有效开展体育场馆市场营销活动。

(三) 国外体育场馆营销管理现状与趋势

国外广泛采用的场馆管理模式之一是民间财团经营管理模式，主要应用于大型竞技性体育场馆。由政府投资建成的体育场馆，交由当地有实力的财团经营，是以营利为目的的商业化经营。该模式有利于促进当地职业体育的发展，减少政府人事和经费负担，提高场馆的利用效率，固定的资金来源保证了大型体育场馆的正常运行，体育赛事、运动员收入与财团的经济利益和声誉挂钩，可以更好地促进当地体育运动的发展，提高财团的品牌效应，还可以增加比赛场次，吸引更多的体育迷参与。

在西方国家，俱乐部经营管理模式是场馆重要管理方式之一，该模式主要运用于大型休闲式公共体育场馆。政府在社区成立俱乐部，为社区居民提供休闲娱乐的场所，授权给俱乐部自主经营。俱乐部可以采用灵活多样的经营方式筹集体育场馆后期所需的资金。体育俱乐部为了自身的生存和发展，可以提供种类繁多、形式丰富的内容来吸引顾客，通过多种营销手段来吸纳社区和社会资金。以美国休斯敦火箭队的丰田中心为例，休斯敦市政府每年从冠名费中获得20万美元，这一收益的分配方式为市政府获得5%，剩余的95%则属于火箭队。

混合式公共体育场所经营模式由政府统一提供建筑用地，由民间财团投资兴建，兴建者取得一定期限内的使用权和经营权，期限届满，体育场馆的经营权和使用权由政府回收。或投资兴建国际大型饭店及超级市场，由投资者投资兴建大型体育场馆，其所有权属于政府，由政府与投资者共同经营，政府同时获得饭店及超市的租金，作为维护场馆的经费。

美国的体育场馆营销管理发展历程具有代表性。20世纪90年代，是美国经济的强盛时期，在全国范围内建设了许多公共体育场馆，然而，之后伴随而来的是运作体育场馆的财政投入和管理权责问题。21世纪初，随着经济衰退，各州的公共体育场馆在现金流上开始变得举步维艰。为了降低预算、节约成本，美国各州的公共体育场馆开始裁员、降低维护资金、缩短开放时间，有些甚至完全关闭。同期，各州也出现了一大批私人投资的体育场馆和公私合建的体育场馆。私立的体育场馆是以办企业的方式进行营销，利益为先。而公用体育场馆更多地倾向于公益服务而不是搞经济收入。因此，公用的体育场馆是不可能把市场营销作为自己的首要任务的，对于私立的体育场馆，资金的投入和运行的方式必然要考虑获取更多的利益。因此，运作私立体育场馆需要的管理思路要明显区别于公立的体育场馆。目前，正是由于大量私人体育场馆的存在，才真正搞活了美国体育场馆市场营销的运作方式，形成了一套行之有效的理论及经验。

第二节 体育场馆营销组合策略

体育场馆营销组合是指经营体育场馆或提供场馆服务的企业，在选定的目标市场上，将产品的质量和价格，分销渠道和促销活动等企业自身可以控制的因素进行最佳组合并合理运用，同时辅以各种市场营销的策略和手段，完成企业的营销目的和任务。简而言之，就是经营体育场馆的企业，围绕场馆资产，开发合适的产品，在合适的地方以合适的价格，运用合适的手段和方法，把产品推销给场馆产品消费者。

一、体育场馆的产品策略

产品是指那些对消费者具有价值的，用于满足某种欲望和需要的实物和服务，包括物品、服务及创意、观点等附加利益。体育场馆的营销是以满足消费者需求来研究体育场馆产品和服务的，但是由于体育场馆在我国不单纯以商品形式存在，它还涉及社会公共产品甚至是政府特殊资源属性，因此，场馆产品的设计、开发、推广不仅要满足消费者的需要，同时还要根据重要性不同，考虑政府、教育机构、体育团体、协会等的利益和需要。

（一）体育场馆产品策略概述

从市场营销观点看，体育场馆营销提供的产品是指以体育场馆为媒介（通过体育场馆实现）的，能够满足体育市场某种需求的物质形态的产品、非物质形态的产品、服务或产品和服务两者的结合体。

体育场馆因为投融资模式不同、主管单位不同、经营模式不同，其产品形式具有多样性。按照消费者类型分类，场馆产品可分为提供给最终消费者用于个人、家庭或组织适用的最终消费品，以及提供给经纪公司和赛事公司用来进行演出的、提供给职业体育赛事、展览会等的体育产业中间产品。按照产品形态分类，体育场馆产品包含有形产品和无形产品。有形产品包含实体场馆的租赁、使用、物业地产经营等，而无形产品包含体育场馆广告开发、冠名权开发等无形商品的开发及服务。

（二）体育场馆的产品组合

体育场馆的产品组合以下列相关概念为基础。

1. 产品线

产品线指在企业供给市场的所有产品中，那些在加工技术和产品结构上密切相关、功能相似、分销渠道相同并满足同类需要的一组产品。在体育场馆的群众健身服务产品中，无论是田径、球类，还是游泳，或是器械健身，它们的功能都是增强体质、锻炼身体，对消费者需求的满足属于同种，因而可以把这些场馆产品划为同一条场馆产品线——体育场馆产品线。此外，许多大型综合性体育场馆还提供大型活动承办、全民健身、冠名权开发、体育健身培训的服务，各馆可根据自身情况将这些产品划分为不同产品线，如大型活动产品线、全民健身活动产品线、体育健身培训产品线。

2. 产品项目和产品组合

产品项目指同一类产品线中每一个具体的品种。以首都体育学院场馆管理中心为例，产品项目包含田径场地、球类场地、游泳池馆、健身厅等不同类型的内容。

体育产品组合是指企业生产经营的全部产品线、产品项目的组合方式，即产品组合的长度、宽度、深度和关联度。

3. 产品组合的长度

产品组合的长度是指企业生产经营的产品项目总数除以产品线数目

得到的产品线的平均长度。体育场馆提供的产品组合长度受体育场馆场地设施类型、服务管理人员专业技能限制。场地面积大、场地种类丰富、设施先进完善、人员素质高的场馆，能提供相对较长的产品线，产品组合的长度也就更长。较为综合的体育场馆提供的健身产品线包括各式各样的健身项目，以首都体育学院场馆中心提供的健身服务产品为例，可以分为器械健身、动感单车、健身操、热瑜伽等不同产品项目。

4. 产品组合的宽度

产品组合的宽度是指企业生产经营的产品线的数目。体育场馆自身条件决定了产品组合的宽度。项目丰富的体育场馆能提供更多的场馆产品线，使产品组合宽度更大。经营管理团队素质高的体育场馆不但能提供一般健身服务，还可以提供物业租赁服务、赛事策划咨询服务、体育健身娱乐服务等类型广泛的产品和服务。

5. 产品组合的深度

产品组合的深度是指企业各产品项目内不同规格、型号、花色、价格的产品品种。以健身操产品项目为例，健身操产品项目内容包含健美操、拉丁舞、普拉提等不同健身运动课程，每一门具体的健美操课是一个单独的健身产品。体育场馆能够提供的健身操产品层次越多，该体育场馆产品组合就越深。

6. 产品组合的关联度

产品组合的关联度是指企业各条产品线在最终用途、生产条件、分销渠道或其他方面相互关联的程度。一般而言，体育场馆各个类型的产品线只具有共同的生产资料——体育场馆场地，而在其他方面，因为其用途大同小异、生产条件趋同，仅分销渠道存在差异，各体育场馆产品组合的关联度会较高。

体育场馆产品涉及大型活动承办、物业管理、全民健身、冠名权开发、体育健身培训服务等多个方面。总体而言，体育场馆提供的各种产品组合的关联度较高，如体育场馆的大型活动产品线能够带动全民健身线的开展，同时也直接影响着冠名权的开发；具体某个类别的产品，如体育健身培训服务产品方面，健身操产品组合的长度、宽度、深度与健身项目类型，时间长短和配套服务（培训、私教、定制服务）相关度较高，彼此之间相得益彰。

二、体育场馆产品的价格策略

随着人们对身体健康认识的提高和重视，市场经济形态逐步取代原有计划经济下的体育管理形式，体育也演化发展为多层次、多维度、多种类需求的组合商品。从体育健身和训练的健身课程、指导培训到各类活动赛事的承办，到体育赞助、体育经济中介市场的繁荣，各个环节无不渗透着体育场馆产品的商品交易行为。其中，所有市场交易都遵守普遍的价格制定依据。

（一）价格策略依据

1. 消费者的收入水平

消费者收入的多少直接决定消费资金的多少。收入高的消费者可以有时间有能力去购买更多的产品，而收入低的消费者首先要消费资金到生活最基本的方面，例如住房、食品、服装、交通、教育。因而体育消费中，那些涉及场馆市场为全民健身服务的消费就会降低甚至被替代。因此说消费者收入水平决定着体育场馆市场产品的需求量以及需求层次。

2. 场馆相关产品的成本因素

成本为企业的产品定价设置了下限。场馆管理人员的劳务费用，场馆运营需要的水、电、气，场馆体育设施的折旧都成为制约场馆产品定价的因素。以深圳大学生运动会场馆为例，能耗和人工是场馆运行的最大成本，该校的大学生运动中心年整体维护费用为6000万元。其中体育馆若灯光全开，每天开8个小时，电费要2万元。此外，体育场馆正式对外运营之前设施的建造也是巨额数字。

3. 场馆所在地的体育文化氛围

体育消费属于与文化、兴趣、个人发展相关的个人高层次消费，因而消费者的消费心理（对体育消费的定位、认识、认同感等因素）在很大程度上决定了消费者的体育消费行为。不可否认，体育场馆产品定价除受到场馆产品本身因素的影响以外，还受到了决定消费者消费心理的地域文化氛围的影响。在我国一线城市，居民收入水平普遍比较高，居民较为重视文化休闲消费，对体育消费的认同度较高。相对而言，同档次的体育场馆产品可以制定偏高的价格；而在二线、三线以及其他城市，体育场馆产品即使标价很低，也往往会因为消费能力不足，对文化消费，特别是对体育消费的重视程度不高，而造成有价无市的局面。对体育场馆所在地体育文化氛围的了解和把握是制定场馆产品价格的关键依据之一。

4．产品生命周期

在产品生命周期的不同阶段（导入、成长、成熟和衰退），价格策略的依据应有所不同。体育场馆、体育赛事产品由于场地设施的折旧与赛事品牌的经营等都涉及产品生命周期的问题。在实际产品定价中，要考虑到产品所属生命周期阶段，合理制定价格。

5．场馆的自身特点和条件

体育场馆自身的地理位置、地段、设施条件、产权归属都决定了体育场馆产品的定价范围。大城市的市中心、人口密集区、重要商业地段，体育场馆产品定价高；而中小城市，远离市中心的偏远地段，所处地段交通不方便，为体育场馆产品的定价带来负面影响。体育场馆设施先进，定价高，反之定价低。政府运营的福利型体育场馆，定价合理，符合一般工薪阶层消费；而社会资本运营的营利性体育场馆，产品定价完全由市场决定，有可能制定较高的价格。

（二）定价方法

体育场馆作为一种商品进入市场，定价决策的难度要求管理者进行仔细规划，和其他商品一样，应该考虑到如何进入市场和进入市场前后的定价方法和程序。

1. 进入市场壁垒前的定价

体育产业作为一门新兴的产业，在中国市场上还没有形成一定的规模，市场形态只具有雏形，但是市场竞争激烈、某些领域的替代品繁多给体育产品营销带来挑战。新产品进入市场通常采用以下定价方法：

（1）撇脂法：新产品在上市初期采取高价策略，以便在较短时间内获得最大利润，这种定价策略因类似牛奶撇奶油而得名。这是企业对其效能高、质量优的新产品所采取的策略。

（2）渗透法：这种定价策略是为了新产品能迅速进入市场而把价格定在较低的水平上，以便取得市场主动权，实现利益最大化。

（3）温和定价法：介于"撇脂"和"渗透"法之间的使生产者和消费者都满意的中间价格策略。

2. 进入市场壁垒后的定价

产品突破壁垒限制后，通过了导入期进入了产品生命周期，这一阶段根据产品所处的生命周期主要采取以下方式定价：

（1）成长期定价：包括差异定价法、均衡分析定价法、心理定价法和精神附属定价法，主要是根据消费者购买数量、商家获利多少、消费者心理、商品的无形价值来定价的方法。

（2）成熟期定价：企业评估以往的价格决策并确定下一步的价格变化。

（3）衰退期定价：当价格仍然超出直接可变成本时，企业选择继续留在市场中所制定的价格。

（三）定价策略

1. 消费者细分

管理者只有很清楚自己产品所面向的消费群体，才能有的放矢地进行生产，合理地给产品定价。了解消费群体应当从消费群体划分和消费者价值感受能力入手，前者判断标准可以以性别、年龄、种族、职业、社会阶层等群体为指标，后者需要生产者和经营者做详尽的市场调查来实现。美国体育场馆市场营销的消费者分析方法包括人口统计学分析、消费心理学分析以及特殊服务对象分析等。人口统计学用来分析体育场馆消费者特征时，涉及年龄、性别、种族、区域、收入水平等因素。

2. 确定价格目标

我国体育产业和欧美国家具有显著不同的特征，因而需要根据实际情况确定产品的长期价格目标和短期价格目标。长期价格目标能够保证企业长久生存，利润最大化；而短期价格目标通常是着眼于目前经济现象，不考虑竞争利润最大化。销售增长最大化的定价目标一般适用于体育场馆，随着基础设施（建筑、设施、人员）的固定，降低为消费者承担的成本，这就使得销售额外的门票（例如过道的座席）的做法特别流行。

3. 确定市场均衡价格

市场只有在供给和需求均衡的条件下才能正常地运作，消费没有剩余，市场出清，企业得到利润最大化。在西方经济学中，商品的均衡价格就是使得该商品的市场需求量和供给量维持平衡的价格。

4. 收支平衡分析

评估成本－销量－利润关系叫收支平衡分析。销售价格、销售量、单位可变成本、总成本、销售组合等变量是做收支平衡分析的必要因素。

三、体育场馆产品的营销策略

现代市场营销不仅要求企业提供满足消费者需要的产品，制定有吸引力的价格，使产品易于为目标顾客所接受，而且要求企业塑造并控制其在公众中的形象，设计并传播产品及产品给目标顾客带来的利益等各方面的信息，即进行促销活动。

（一）促销含义

促销是指企业将其产品或服务及相关的有说服力的信息告知目标顾客，帮助目标顾客认识产品或劳务所带来的利益，从而说服和提醒目标顾客做出购买行为的市场营销活动。

（二）促销组合策略

促销组合是指为使某一产品达到预定的销售水平，企业可以在特定的时期采用各种促销手段与个人、目标群体、机构实现沟通的方式组合。促销组合由如下促销手段组成：

1. 广告

广告是指特定广告主在付费原则下，通过大众传媒进行的产品信息的发布和传播活动。

2. 促销

促销是指在短期内利用某些活动和名目来给商品增加某些额外的价值，用于直接刺激商品的销售。健身消费体验活动属于体育产品的促销行为。

3. 公关宣传

企业以非付费方式通过大众传媒，如以新闻报道形式来发布有关企业或产品的有利消息。虽然企业没有直接为大众传媒付费，但在活动策划、组织、筹办等过程中都有一定费用支出。体育产品捐赠、义卖以及其他慈善活动均属于公关行为。

四、体育场馆的分销渠道选择策略

（一）体育场馆分销渠道概念

分销渠道是指产品从生产者流通到消费者所经过的组织或个人，主要包括中间商、代理商，以及处于渠道起点和终点的生产者和消费者。

在西方体育产业发达国家，体育场馆分销渠道多元而完备。美国体育中介机构的体育场馆冠名权开发方案详尽而完善，可以使冠名赞助商觉得自己通过体育场馆的冠名赞助真的能够有所得，而不仅是把名字放在了体育场馆之上，因为冠名赞助方案的细节十分重要，其中包含了赞助商能从赞助行为中得到什么权益以及这一投资能给当地政府做出什么贡献。例如，美国的 AEG 公司代理了丰田体育中心、史泰博体育中心、家得宝体育中心等许多知名体育场馆的冠名权交易，包括从市场调查到最终交易，使得这些体育场馆成功冠名并获得可观收入。可见，中介机构的专业化操作为美国大型体育场馆冠名权开发的发展提供了有力的渠道保证。

（二）影响分销渠道选择的因素

良好有效的分销渠道不但可以实现企业的销售目标和管理目标，而且可以最大化地发挥网络成员的作用，减少分销渠道的风险，使企业市场占有率提高。因此在设计分销渠道时必须考虑以下主要制约因素：

1. 产品因素

产品易毁或易腐，则采用直接或较短的分销渠道。产品单价高，可采用短渠道或直接渠道；反之，则采用间接促销渠道。产品的体积与重量，从成本控制的角度看，体积和重量越大，则越应该采取短渠道策略。单位价值越小越需要密集分布点，需要更多的网络成员来经营；单位价值越大，要求分销渠道路径就越短，避免过多的中间商盘剥利润，可以采用转卖或代理的形式来建立分销渠道。社会化程度高的产品，人们购买频率相对较高，应该密集布点，方便消费者购买；社会化程度不高的产品，可以选择重点城市建网。对于专用产品，技术含量和服务要求就比较高，应该采取定制的策略，实行一对一服务；通用产品，借助经销商的力量来推广，效果会更好。对于季节性强的产品，应该选择短渠道、快渠道，达到快速布点的目的。产品技术性复杂需要安装及维修服务的产品，可以采用直接销售，反之，选择间接销售。

在实践中，美国、欧洲甚至我国的台湾地区在赛事产业营销中都充分考虑到渠道问题，像体育比赛门票销售甚至进入到社区便利店，如台湾就有7-11便利店销售棒球票务的方式。美国体育产业界的学术研究多年来也将研究重点放在了产品营销网站的受众分析上。而1984年的奥运会门票销售，更是将渠道策略的灵活性发挥到了极致。

2. 市场因素

市场成熟程度对选择分销渠道有着直接的影响。一般而言，导入期为了保证速度，依靠中间商打开市场；成长期为了保证质量，应建立自己的网络,加强终端建设;成熟期则为了保证销量,最大限度地挖掘市场和网络的潜力;衰退期保持冷静、维护好市场,为新一轮产品导入做准备。市场密集程度大,应该集中分销渠道,进行深度分销,以争取市场份额为重点;密集程度小,应借助分销成员的力量。根据目标顾客的不同性质,分销渠道的选择也应不同,面对一般消费者销售的产品,分销渠道设计较为复杂,一般多为复合渠道;面对专业性用品或者产品,分销渠道应建立在技术和售后服务的支持上。

3. 竞争对手因素

企业设计分销渠道时还应考虑到竞争者所使用的渠道影响,如果不以击败竞争对手或谋求双赢为目标,就应当在不同空间取得各自的市场份额,或者运用避实就虚的分销渠道设计,避开竞争对手的锋芒,寻找市场空白点,完成分销部署。

4. 企业因素

企业的资源丰富,能够应付企业长期战略,分销渠道的设计可以做全面部署,谋求长期的分销渠道效应;资源缺乏,分销渠道的设计就必须抓住突破点,建立区域性分销渠道。

5. 中间商因素

各类中间商实力、特点不同,诸如广告、运输、储存、信用、训练人员、送货频率方面具有不同的特点,从而影响企业对分销渠道的选择。按中间商的数目多少和企业产品的不同情况,可选择密集分销、选择分销、独家分销。

第三节 体育场馆营销管理方式

大型体育场馆如何利用其基础设施的优势,进行全方位的营销,多功能地开发产品,以提高场馆的利用率,这是世界各国体育场馆界都很关心的问题。影响体育场馆营销经营状况的因素是多方面、多层次的,主要包括国家、地方政策与法规,场馆地理位置,交通环境,场馆经营面积，场馆设施水平与环境状况，如停车场、餐饮在内的配套设施，场馆营销手段、经营方式的多元化，周边环境与天气等。

国外体育场馆收入主要来自承办大型体育活动，而其经济效益与项目种类及其多样性有直接关系。一般而言，这些项目包括了演出、竞技赛事、大型群众娱乐活动等，而其他收入还来源于商业物业经营、无形资产经营、会议会展经营等项目。

一、体育场馆大型活动承办

任何一个体育场馆都在追求着利用组织和承办各类大型活动来宣传和营销自己的体育场馆。无论是大型体育赛事、大型文艺演出，还是大型会展年会等，都可能带来可观的社会效益和经济效益。

（一）体育场馆赛事营销

"入世"的成功以及北京奥运会的成功举办，极大地促进了我国社会与经济的发展，更为我国健身娱乐、竞赛表演等相关产业的发展迎来了绝好的契机。以北京、上海、广州等一线城市为代表的商业体育赛事已逐步推向了市场。目前我国商业体育赛事的开发和运作已逐步向市场化、专业化、多元化迈进，体育场馆正是抓住了当前我国体育赛事市场的发展机遇，将体育场馆营销与赛事营销结合了起来。一次次成功的体育赛事，就是一次次的体育场馆营销。

近年来我国在体育产业方面也制定了相关的政策和法规，如《关于加快体育产业的指导意见》《体育产业"十二五"规划》等，提出了体育产业的发展思路，同时也对体育场馆的发展提出了相应的要求。目前我国很多体育场馆已经培养了一批颇具市场前景和国际影响力的商业性体育赛事。北京奥运会的成功举办，使我国体育产业的发展实现了一个新的增长点，同时也为我国体育赛事迎来了前所未有的发展机遇。各类体育赛事的相继举办，也把体育场馆的发展推向了新的高潮，从大型综合型赛事的承办者，到单项商业型赛事的主办者，体育场馆所扮演的角色已发生了很大的转变。展望未来，体育场馆的赛事营销将会有以下的趋势：

1. 体育场馆赛事营销成为体育场馆营销的主要方式之一

纵观近几年我国体育场馆的建设和发展，几乎无一不与举办体育赛事密切相关。从赛前到赛后，体育场馆无不渗透着体育赛事的情愫。如今体育场馆的经营已经逐步走向多元化的发展道路，随着体育赛事商业化运作和市场化水平的提高，体育场馆赛事营销的市场前景将会更加乐观。

2. 体育场馆赛事营销的运作水平将会更加专业化，运作方式更加规范化

体育场馆赛事营销的参与者主要包括主办者、赛事中介机构以及体育场馆承办者。以往体育赛事的策划、组织及营销等过程大都由政府或其他组织机构一手操办，而体育场馆只作为一般的承办者，几乎对赛事的策划、组织以及营销等相关活动毫不介入。如今体育赛事的市场化水平不断提高，政府或其他组织机构已逐渐将体育赛事推向市场，体育场馆将会有更多的机会直接参与到体育赛事的组织与营销当中去。例如近几年北京大学生体育馆、武汉体育中心等都在一直主动申请着赛事，有时主动到世界各地去拿赛事，积极参与申办组织的招标，积极宣传展现场馆，重视现场陈述，通过一系列的申办举措，积极实践着体育场馆的赛事营销。

（二）文艺演出与文化活动

随着社会文明的进步、人民生活水平的提高，人们的精神文化需求越来越高，从而为文艺演出带来了市场需求。人们在越来越关注文化演出的同时，也注意到火爆的演出经济和文化演出市场。在现代市场经济的社会里，各类演出活动越来越被商业化地运作，带来了巨大的经济效益和社会效益。

除北京地区体育场馆以外，目前全国各地都开始出现高水平体育场馆承办个人演唱会和其他文艺表演活动的实践运作，如武汉体育中心、陕西体育场、广州体育馆等体育场馆都为其各自所在的城市承担起大型文艺演出活动并提供高质量的安全场地的重任。

尽管如此，目前我国体育场馆承办文艺演出活动仍然处于不成熟阶段，体育场馆开展大型演出活动的例子还不是很多，地区间还存在着不平衡现象，场馆承办演出活动的商业化运作也还不够充分，其主题选择、操作方式、活动内容、管理模式等方面还存在着一些问题。这些问题都需要在科学研究和实践操作过程之中加以改善并得到妥善解决，使体育场馆文艺演出和文化活动能够更好地开展。

（三）会议展览

随着经济全球化、贸易自由化和信息网络化趋势的日益形成，会议展览业也呈现蒸蒸日上的局面。会展经济正成为一个能带动区域经济发展、辐射能力强的经济形态，各大城市认识了会展经济的这一特性后，也纷纷把发展会议展览经济的工作列为区域经济发展的重点和亮点。由于会议展览是在固定的时空中进行的商贸和展示活动，因此会议展览的空间就是会场，而体育场馆正好可以提供会场空间。

与发达国家相比，我国会议展览场馆普遍规模偏小，国际影响力较差，市场容量有限。专门的展览场馆缺乏合理规划，存在设施不配套，相关设备不健全，科技含量低、智能化水平低等问题。随着我国举办的有影响力的大型体育赛事越来越频繁，近年来兴建的新型体育场馆，普遍在建设之初就考虑到体育赛事之后或全民健身之外的综合化利用问题，其拥有建筑规模宏大、展览设施齐全、设施功能多样完备等特点，均可做各种展会、文化活动场地之用途。

以作为奥运比赛临时场馆的国家会议中心为例，奥运会后，国家会议中心经过一年半时间的内部改造，于2009年11月1日开业，成为中国最大、最新的特大型会议中心。能够承办大型会议、展览和其他公共活动，配套酒店能提供客房服务。据统计，国家会议中心是全球第一个在第一个经营年度就创造利润的大型会议中心，2010年全年营利1000万元。截至2011年上半年，国家会议中心已成功接待了1025个国内外会议和111个展览，其中1000人以上的大型会议有130个，地面展厅出租率保持在62%以上。2011年全年出租率为64%，出租率仍有增加趋势。

(四) 其他

根据活动的特点及体育场馆的大小，体育场馆还可以承接一些其他活动，如大企业内部运动会、公司年会等。事实上，除了以上用途，社区附近的体育场馆往往成为市民集会、家庭聚会中心。美国万乔维亚体育中心平均每年举办的比赛300场，包括组织职业篮球赛和冰球赛大约185场，另外还组织100~120场音乐会、文艺演出、家庭活动、马戏以及学校、社会集会等活动，吸引300万观众；而玫瑰碗球场所有的活动项目中，38%的活动是体育赛事，20%是音乐会，11%是家庭活动，31%是展销会、产品发布会、宗教活动、公司活动以及政治活动。

二、体育场馆商业物业经营

商业物业是指为公众提供商品、服务、设施和场地的场所，具有经营性、公众性和服务性的特点。

(一) 体育场馆商业物业分布规划应考虑的因素

1. 国家法规政策

企业应当根据国家相关的法规政策来指导商业领域的投资和经营。深入了解各类商业物业的开始条件及其内涵，充分认识各类商业物业的经营规律，并理性投资，减少盲目重复建设，避免资源浪费，根据不同商业物业的经营特点，实行差别化经营，防止无序竞争。

2. 地理位置与周边环境

大量研究表明，场馆集聚效应所带来的商业集聚效应需要5~10年，场馆设施在选址之初，仍要充分考虑建设在市区中心还是远离市区的问题。体育场馆周围是否有成熟的商圈，交通是否便利，体育场馆是否靠近居民区等因素都会影响到对体育场馆商业物业分布的规划。北京奥运会后，位于顺义潮白河上的奥林匹克水上公园经营面临挑战，很大程度上与场馆设施远离市中心，交通不便有关。

3. 消费者需求

消费者消费行为的差异与商业物业分布的互动性日益增强有关。一方面，消费者的消费差异呼唤多种商业物业经营形态与之相适应；另一方面，商业物业经营形态的引进与创新又进一步推动消费者消费行为的多样化。消费者的需求影响着体育场馆商业物业分布的规划。例如位于北京工体商圈的工人体育场和工人体育馆在后奥运时期经营良好，已经成为北京白领时尚消费地标地段之一，除了处于闹市、交通便利以外，工体地段丰富的餐饮、娱乐、聚会、休闲资源也是必备条件。

4. 体育场馆建设目的与功能

体育场馆的建设目的以及主要经营项目影响着体育场馆整体的商业物业分布，制约着体育场馆引进的商业物业经营种类。德梅隆设计公司对"鸟巢"的设计过分强调设计理念和审美需求，对长期运营的设计优化不够，造成体育场运营条件在设计阶段就先天不足，"鸟巢"内商业运营面积不足，商业运营布局不合理，设计增加了赛后改造难度和经费投入等。这些问题，反映在后期运营改造中，对"鸟巢"商业物业经营带来困难。

（二）体育场馆商业物业的类型

根据商业物业所具有的经营性、公众性和服务性三个特点，以及体育场馆自身的特点，体育场馆的商业物业大致分为以下类型：

1. 商贸物业

商贸物业是为了商品流通、销售而进行经济活动的场所。商贸物业可以分为百货店、超级市场、大型综合超市、便利店、仓储式商场、专业店、专卖店、购物中心等类型。

2. 餐饮物业

体育场馆可以根据自身的经营宗旨、物业情况以及消费群体的需求，相应开设茶餐厅、西餐厅、咖啡厅、快餐店等形式的餐饮服务。

3. 休闲娱乐物业

休闲娱乐物业主要为人们提供休闲娱乐获得的场所。按照设施与功能来划分，休闲娱乐物业可分为综合性休闲娱乐物业（社区会所、会员制俱乐部等）和专项性的休闲娱乐物业（舞厅、卡拉 OK 厅等）。目前，许多场馆设施内商业物业都将商贸物业、餐饮物业、休闲娱乐物业做了充分融合，使得消费者在进入商业区后直接体验"一站式"服务，大大扩大了商业区的消费者群体范围。

4. 办公物业

办公物业是指各种商业机构用于从事经营管理的场所，又称为商务楼。体育场馆附属的物业可以开发成为办公物业。

5. 酒店物业

酒店是提供餐饮、客房，以及各项设施与服务的综合型产品与服务，从而获得利润的经济单位。体育场馆可以根据经营宗旨以及自身物业情况开发酒店物业经营类型。位于北京奥林匹克公园附近的亚奥商圈，其办公物业和酒店物业慢慢开始升值，附近的会议中心、盘古大观等高端办公楼、写字楼与会议展览等行业互相促进，形成相生相伴的共生互补资源优势。

三、体育场馆的无形资产经营

体育场馆的无形资产指不具有实物形态，但是可以持续地为场馆所有者和经营者带来经济效益的资源，其特点是具有依附性、无形性以及交易完成后所有权与使用权会分离。场馆无形资产开发是一项与技术和经济相关的措施与活动，要求尽可能地挖掘和利用各种场馆无形资产，以提高场馆无形资产利用率，为场馆汲取更多的资金，向社会提供体育产品，满足社会的体育需要。

（一）场馆广告发布

1. 场馆广告发布概述

场馆广告发布主要利用了场馆的体育传播功能。广告主通过租用或购买等付费方式有偿使用场馆设施内外以及周围的广告空间资源，通过发布广告的方式来宣传自己和提升企业形象，以期达到塑造和强化品牌、提高消费者忠诚度以及提高经销商信心等目的。

目前常见的已开发的场馆设施的广告空间主要有场馆设施内外墙壁、地面、扶梯、过道、围栏、护栏、灯柱及楼顶等位置，此外还可以在体育场馆的座椅背上进行广告开发。最近还有学者提出在场馆设施的建设期间就进行广告发布，即在场馆设施建设期内，用巨幅户外广告将建设中的场馆设施通体包裹，一方面避免了现场裸露，具有时尚感，另一方面可以开发其广告发布权的潜在经济价值。

2. 场馆广告发布开发的作用

广告发布在场馆设施无形资产中占有重要比例。由于过去对场馆设施无形资产认识的不足，致使大量的无形资产被忽视甚至被浪费。广告发布权的开发将使人们重新认识到场馆设施无形资产所具有的巨大潜在经济价值，通过自主开发、合作开发、委托经营、居间模式等方式对场馆设施广告发布权的开发，可以使场馆设施无形资产得以盘活，使场馆设施的无形资产价值得到发挥，同时也使场馆设施无形资产的开发得到重视。

3. 场馆设施广告发布权开发方式

根据我国部分综合性大型赛事场馆经营成功运作的经验，我国综合性大型赛事场馆设施广告发布权开发主要有以下几种方式：

（1）委托经营

委托经营是指将场馆设施的广告发布权委托给受托方，按照预先规定的合同进行经营管理。根据受托方的不同，将此种经营方式分为内部委托与外部委托两种经营方式。内部委托是将场馆设施的广告发布权委托给下属广告公司承担业务，外部委托是将场馆设施的广告发布权委托给专业的广告公司，按照预先规定的合同进行经营管理。委托经营可以改善企业的经营管理，提高企业的营利能力。与自主开发不同的是受托广告公司具有独立的法人人格，自行运作，与合作开发不同的是场馆设施经营者无权进行干预，只作为提供者为其提供场馆设施的广告空间资源，并以董事或股东的身份享受广告公司带来的营利分红。南京奥林匹克体育中心广告发布权开发的成功运作采用的就是委托经营的方式。

(2) 合作开发

场馆设施经营者与一个或一个以上的企业或个人共同投资、共同参与进行场馆设施的广告发布权开发。合作开发与独立开发相比，其益处在于可以减少场馆设施经营者的财政压力和投资风险，同时又可因受双方权益的牵制而促使双方争取更好的经营业绩。当场馆设施布局有优厚的户外广告市场资源和专业的广告技术人员时可以考虑此种开发方式。

(3) 自主开发

自主开发主要是指场馆设施经营者开发一个下属的市场部门，投入资金、组织技术力量进行场馆设施的广告发布权的开发。这种模式的广告发布权开发由场馆设施经营者自主决定利益的分配和权益的归属，它对场馆设施无形资产的保护与增值具有积极意义。

(4) 居间模式

居间模式又称为中间模式。场馆设施为寻求户外广告市场资源，还可借助中间模式。中间模式类似于我国现行的中介公司，主要是作为中介联系场馆设施广告发布与广告主，起到桥梁作用，并从中收取一定中介费用。

(二) 商业冠名权开发

1. 体育场馆商业冠名权的概念

随着社会经济的发展，冠名权逐步演变为体育场馆可以开发利用的重要无形资产。冠名个人或机构通过支付一定费用后获得的为某一座建筑物、设施等以个人或机构名字命名的权力。体育场馆业主将具有社会认知性的体育建筑物、设施的命名权有偿转让，购买冠名权的机构往往是一些社会各行业的营利性商业机构，从而给转让双方都带来直接经济利益或商业机会。通过开发、运用受人关注的体育场馆建筑物名称，既为体育场馆的拥有者带来较大的经济利益，同时又为冠名企业带来品牌宣传的广告效果，并以此为平台宣传了产品，促进了产品销售。

第四章 体育场馆营销管理

2. 场馆冠名权开发的商业价值

体育场馆冠名权出让属于体育场馆无形资产开发范畴。英国著名的体育营销专家帕尔森（Parson）认为，与一般普通的体育赞助相比，体育场馆冠名权能够产生两位数的投资回报，与其他可供比较的体育赞助支出相比，体育场馆冠名权的投资回报为10:1。对于中小企业来说，通过体育场馆冠名，使自己一夜成名、家喻户晓已成为可能；即使是具有较好市场影响力的大中型企业也开始注意到通过体育场馆冠名来改善自身的公众形象，提高知名度。

体育场馆冠名权的开发和利用逐渐成为越来越多企业体育营销战略的重要组成部分。截至2000年，仅北美洲就有至少50家体育场馆用企业名字命名，如亚特兰大飞利浦球馆（鹰队主场）、洛杉矶斯台普斯中心球场（湖人队主场）、芝加哥联合中心球馆（公牛队主场）、达拉斯美航中心球馆（小牛队主场）。我国一大部分体育场馆也已经做出了这方面尝试，如2003年，南京市龙江体育馆通过拍卖行正式对外拍卖冠名权，并被广东步步高集团以5年300万元的价格拍走，北京东单体育中心的足球和篮球活动场地分别被冠名为"耐克足球公园"和"耐克篮球公园"，2011年1月6日，位于北京的万事达卡国际组织（Master Card Worldwide）获得了曾经作为北京2008年奥运会篮球馆的北京五棵松体育馆的冠名权，从而使该馆成为我国第一座进行商业冠名的2008年奥运场馆，同时也成为北京市的第一座商业冠名体育场馆。

3. 国内外大型体育场馆商业冠名权的发展

随着2008年北京奥运会的成功举办以及2010年广州亚运会的举办，我国迎来了体育场馆的建设高潮，同时体育场馆冠名开发的理念开始为行业内外所广泛接受。大家终于认识到体育场馆冠名权开发蕴藏着巨大的商机，可以激活沉睡的商业资本，为开拓体育产业发展模式拓宽思路。然而，从整体上讲，我国体育场馆的改革还处于初级阶段，因而现阶段我国的体育场馆冠名权开发尚呈现出以下特点：已经冠名的场馆数量少，赞助额度不高，合同期限较短；国有性质的体育场馆冠名权开发受到政府部门审批手续、重视程度等方面的限制；签约场馆服务质量和服务水平不高，场馆本身曝光率低以及场馆设施陈旧不及时维护等原因影响了赞助企业的形象和品牌推广；赞助企业赞助积极性不高等。

美国布法罗里奇体育场馆是最早进行冠名权开发的体育场馆。1973年，布法罗里奇体育场馆将其冠名权以150万美元的价格售出，合同期为25年。1987年，美国花旗银行出资买下了洛杉矶运动场的冠名权，从此掀起了20世纪90年代企业冠名运动场馆的热潮。到1999年10年间，有66家企业将自己的名字用在了原有的或新建的体育场馆上。1993年以后，体育场馆冠名权的销售价格已经上涨了200倍之多。2000年，美国休斯敦得克萨斯体育场馆冠名权以3亿美元的价格被美国万金能源集团买断，合同期为30年。目前全球体育场馆赞助（冠名权）市场估计为40亿美元，美国占75%，美国体育场馆的冠名价格平均在2亿美元。美国体育场馆冠名市场基本规律大致相同，场馆冠名合作期限一般为20年左右，冠名权价值基本在2亿美元上下。随着美国企业冠名体育场馆事件的增多，伴随冠名而附带的一系列其他相关权利也"五花八门"的出现。除主体育场冠名之外，还增加了各式各样的场馆附加服务。

随着市场经济的发展，美国的体育冠名赞助开发商纷纷将目光瞄准了亚洲、美洲和一些欧洲国家，其原因主要是，美国逐渐放缓了体育场馆设施的建造速度，与20世纪90年代相比有明显的下降。国家体育产业发展经历了一个平稳期，各项产业发展速度普遍不高，且处于一种相对饱和状态。而在这个时期，亚洲、欧洲、美洲等国家，体育场馆老化问题严重，需要政府及个人共同对其翻新改造。因此，这些国家的体育场馆冠名权商业活动的迅速崛起也在预料之中。

四、开展群众体育活动

(一) 产品的选择原则和依据

1. 场馆自身条件

体育场馆的建设，需要根据自身的地理位置，环境条件，社区居民人数和人口阶层、消费特点等不同而决策。场馆的地段、面积、场地情况、基本设施都应成为项目设置的参考因素。

2. 经济效益

保障经济效益是场馆存活的基础。只有在经济方面受益才能维持场馆人员、水电、维护维修方面的基本支出。场馆只有保障基本运营成本，实现以馆养馆，才能提供更好的大众服务。此外，场馆其他项目的增加，也要充分调研、评估后再做决策。例如健身项目的选择，就要充分考虑该项目所能带来的效益等因素，在市场环境条件下，每个项目带来的经济效益是重要的评估指标。

3. 社会效益

在我国，不论场馆的投融资模式、场馆运营管理方和场馆行政归属如何，都应充分考虑到公众利益。一方面，公众利益的维护是场馆社会效益的基础；另一方面，从市场营销角度看，维护公众利益是维持良好企业形象，保持企业良好公共关系的基础。

(二) 价格制定

1. 差别定价法

产品差别定价法指企业通过不同的营销努力，使同种同质的产品在消费者心目中树立起不同的产品形象，进而根据自身特点，选取低于或高于竞争者的价格作为本企业产品价格。因此，产品差别定价法是一种进攻性的定价方法。体育场馆产品采取差别定价法，首先要求企业必须具备一定的实力，在场馆产品市场占有一定份额，具有一定产品识别度。在一般条件相似的状况下，场馆产品在地段、设施、服务质量、咨询培训等某些方面具有优势，因而能够制定相对较高的价格。另一种差别定价策略是在所有条件都相似的情况下制定相对较低的价格以吸引消费者。如体育场馆可以根据不同的时间段制定不同的价格，在黄金时间制定较高的价格，在淡季或空闲的时间制定打折扣的价格，使消费者感受到"上帝"的待遇。

2. 随行就市定价法

随行就市定价法是指制定市场价格的时候，根据目前市场情况制定产品价格。当体育市场发展至一定规模，后进入的企业对市场价格没有充分的话语权,每个体育场馆的产品定价只能随行就市,跟着市场流行的价格水平走。从根本上说,随行就市定价法是一种防御性的定价方法,它在避免价格竞争的同时,也抛弃了价格竞争这一"利器"。体育场馆的营销价格是随着社会各行各业的市场需求来确定的。随着市场需求的扩大,各类体育场馆的收费标准均会有不同程度的提升。

(三)主要渠道和促销策略

群众体育消费的商品渠道和促销体现在会员卡定制方面。会员卡是会员在使用体育场馆各项设施或要求体育场馆提供各种服务时,用作识别身份、登录或消费结算的凭证。会员卡可以分为个人会员和团体会员。持有体育场馆会员卡的消费者可前往俱乐部及其所属的体育设施进行消费。

会员卡的设计要考虑群众体育活动项目的目标消费群体、活动场地的时间安排等因素。会员卡产品设置合理(如一些对特定顾客、特定需求、特定季节、特定产品的会员卡或套餐服务的设置)将有利于促进健身产品的销售。

(四)会员活动

体育场馆的会员活动一般由场馆经营者出面组织,会员基于自愿、互助、互惠的原则自主参加。场馆经营管理者通过鼓励会员参加会员活动,提供消费者需要的免费或收费服务,来培养体育场馆的顾客群,拉近经营者和消费者之间的距离,进而增进彼此间的信任。从某种程度上讲,体育场馆会员活动具有一定公关性质,通过免费提供某一项目服务,带动了其他项目的营业额增加,在树立场馆良好形象的同时,场馆又获得一定经济效益,进一步营销了体育场馆。目前,以运动健身为主要内容的会员活动还具有很强的社交功能,俗话讲:请人吃饭,不如请人流汗。体育健身是一项增进人与人之间友谊的时尚活动。会员活动为消费者提供了与拥有共同兴趣爱好的人进行社交的方式,在当今经济飞速发展的大都市,对于处于信息爆炸环境中无所适从的都市人,会员俱乐部成为联结众多生活孤岛居民的桥梁,也顺应了当今的都市文化发展潮流。

第五章　体育场馆人力资源管理

第一节　体育场馆人员结构及人员需求

在我国，体育场馆承担着公共体育服务、体育产业开发、举办大型文体活动或群众集会等重要的社会政治、经济功能，是开展体育活动的基础设施，但仅有硬件设施还不足以满足体育活动的开展。作为一个人员较为密集的行业和领域，体育场馆经营管理过程中，各类员工的薪资几乎占到总成本的一半。人力资源管理已成为影响和决定体育场馆经营管理最终成功与否的重要因素。体育场馆的人力资源管理就是包括从人员招聘到人员发展的各方面投入及管理工作。

一、体育场馆的人员结构

一般来说，根据各类人力资源与体育场馆经营劳资关系的不同，可将员工划分为编制内人员和临时人员两大类。

（一）编制内人员

包括与体育场馆经营活动密切相关的运营行政人员，他们主要从事与体育场馆长期经营管理活动直接相关的各类管理和服务工作，是场馆运营中稳定而长期的人力资源。

1. 行政管理人员

体育场馆的行政管理人员主要包括办公室文秘、行政助理等岗位的工作人员，即专门从事行政管理事务的工作人员。体育场馆运营的行政管理工作，广义上包括对体育场馆运营中涉及的行政事务、办公事务、人力资源及财产会计等方面的管理工作；狭义上指以场馆运营行政部为中心，从事的行政事务和办公事务。场馆行政管理人员的主要工作一般包括：相关制度的制定和执行、日常办公事务管理、办公物品管理、文书资料管理、会议管理、涉外事务管理，还涉及出差、财产设备、生活福利、车辆、安全卫生等管理工作。所有工作的最终目标是通过各种规章制度和人为努力在部门之间或者关系企业之间建立起密切配合的关系，使整个场馆运营过程成为一个高速并且稳定运转的整体。

2. 业务管理人员

依据体育场馆的特点，体育场馆业务管理人员主要包括与场馆运营主营业务有关的运动指导部、医疗服务部等业务部门的中高层管理人员。他们主要负责对相关业务及专业技术人员进行管理。

3. 服务人员

服务人员主要包括前台服务人员、收银员等与体育场馆经营活动密切相关，且在与经营收益直接相关的关键岗位工作的人员。前台服务人员的主要工作职责是要按规定的程序与标准向客人提供一流的接待服务，负责访客、来宾的登记，接待，引见，对无关人员应阻挡在外或给予协助等。收银员是指在柜台前收取货币的人员。

4. 工程技术人员

工程技术人员主要包括在体育场馆运营中，保障和维持运营活动的各类专业技术辅助人员，包括体育场地工、设施、设备维修与保养人员、音响师等。其中，体育场地工是指使用专门技术或设备，负责运动场地和配套器材的布置、安装、调试、维护、清洁和监管等保障工作的人员。

(二) 临时人员

体育场馆经营管理中的临时人员类型较多，主要包括各种时薪工作人员、实习生或志愿人员，会根据场馆经营活动的规模和业务内容的变化而进行调整，是场馆经营活动中可变的人力资源部分。

1. 运动指导专业人员

运动指导专业人员包括各种社会体育指导员、私人教练、会籍顾问等。其中，社会体育指导员是指在群体性体育活动中从事运动技能传授、科学健身指导和组织管理工作的人员。私人教练就是为运动与健身爱好者提供一对一具体运动项目指导的教师或教练，他们的工作具有互动性、针对性等特点。会籍顾问是体育场馆的间接销售服务人员，他们是俱乐部的咨询专家，具备较专业的心理、医学、营养和运动技能知识，其最重要的职责就是帮助顾客获得健康。他们是能给会员提供专业服务的工作人员，同时具备销售和教练的能力，因此不是纯粹的销售人员。

2. 医疗服务专业人员

医疗服务专业人员包括各种从事与体育场馆经营项目有关的医疗服务方面的专业人员，主要分为三类，即理疗师和按摩治疗师、内科医生、营养师。他们是场馆经营活动的重要保障力量之一。

（1）理疗师、按摩治疗师主要为场馆消费者提供康复理疗指导或帮助。

（2）内科医生主要是处理应急抢救，提出预防和治疗手段、保健方案；对患者进行问询并记录，提供非手术治疗；必要时开具相关化验检查，并对所开辅助检查报告做出分析判断；开具处方等。

（3）营养师主要是从事营养咨询、营养测评、营养指导、营养宣教以及营养管理等促进社会公众健康的工作，还包含体质咨询师等，后者是国家劳动部颁布的第四批新职业之一。

3. 其他服务保障人员

其他服务保障人员主要包括服务台工作人员、保洁员、音响师、球拍穿线师等，以及根据场馆经营的业务需要确定的其他服务保障专业人员。保洁员是指使用保洁养护专用工具，从事公共区域环境及设施如场馆、广场、室内集会场所等地的清洁、保养工作的人员。保洁员一般通过场馆经营中服务外包的形式予以确定。

以上人员的数量和类型，主要根据体育场馆运行中业务发展的需要、产品和服务的类型确定。与体育场馆经营管理的关系密切，但劳资关系却是松散的、短暂的。

4. 独立承包商

在体育场馆经营中，经常会根据业务发展的需要和场馆经营的整体规划，将部分辅助性经营项目（产品或服务，如商品售卖、服务提供等）外包给独立承包商。这些承包商通过竞标等手段获得承包权，享有某方面经营的唯一权力。独立承包商与场馆经营者之间一般不是劳资关系，主要是承包租赁的关系。

5. 志愿人员

体育场馆的特殊性质决定了其运行会不定期地需要大量志愿人员，比如开展和举办各类大型文体活动或群众集会时，都需要包括从事项目指导、秩序维护、保护与帮助，以及各种服务性工作的临时性志愿人员。志愿人员具有临时性的特点，联合国将其定义为"不以利益、金钱、扬名为目的，而是为了近邻乃至世界进行贡献的活动者"，指在不为任何物质报酬的情况下，能够主动承担社会责任、奉献个人的时间及精神的人。但与其他临时人员不同的是，志愿人员与场馆经营者之间不存在劳资关系。

6. 实习生

与临时兼职的时薪员工、志愿人员不同，实习生一般来自学校，在体育场馆从事辅助性的服务或管理工作，主要是为了学习或获得一定的学分，该岗位可以是季节性的、全职或兼职的。

二、体育场馆经营管理的人力资源需求

（一）人力资源需求的变化

在体育场馆的经营管理中，对人力资源的需求总是处于波动状态。这就意味着在处理体育场馆经营管理中的长期业务和短期业务时，场馆经营中除了维持一定数量的编制内人员，针对短期业务的出现和长期业务的调整，会出现当短期业务到来时临时人员增加，而当短期业务结束时临时人员迅速减少的状况。这一状况给人力资源的管理带来了许多挑

战，包括如何获得有效的临时人员？如何雇佣和选择付薪人员和志愿人员？如何发展和完成员工培训？如何快速解雇临时员工？当场馆经营规划或经营布局发生变化时，如何完善人力资源规划等。

(二) 需求预测

在招聘员工之初，需要根据组织结构、员工职责、管理幅度等对人员需求进行分析和预测。等级制结构是传统组织结构模式之一，组织中的岗位是固定的，具备明确的上下级关系，利于场馆经营中管理的统一，但易导致管理层庞大的情况。矩阵制结构根据体育项目、大型活动和其他活动的特点，可以灵活地对岗位进行安排和调整，在场馆经营中可使人员根据经营业务的变化，在不同项目管理团队中实现管理者、协助者之间的转换与整合，进而有效减少场馆经营中对长期人员的需求。

在进行人员需求预测时，管理者应当考虑多种因素。除了业务发展、功能拓展等最为重要的变化，还需要考虑可能的人员流动比率、人力资源的质量与性质、与提高服务质量开拓新市场或创新活动领域有关的决策、与生产率提高有关的技术与管理方面的变化等其他方面的因素。

针对未来对人力资源的需求，在进行预测时可以采用趋势分析、比率分析、散点分析等技术方法。

1. 趋势分析

趋势分析就是首先通过分析组织在过去三五年中的雇佣趋势，然后以此为依据来预测未来人员的需求。例如，可以综合统计体育场馆在过去三年中每年年末的雇员数量及各类人员（如销售人员、行政文员以及健身指导等）的数量，其目的在于确定场馆未来的经营趋势，即今后有哪些趋势会继续发展下去。趋势分析作为一种初步预测是很有价值的，但仅依靠它还远远不够。

2. 比率分析

比率分析，是以两种因素的比率为依据，来预测未来业务发展所需的人力资源，其目的在于确定体育场馆的经营规模和业务与人力资源需求之间的关系。如以某些因素（如销售额）和所需要的雇员数量（如会籍顾问数量）的关系进行比率分析。假设在过去的两年中，每年需要10名会籍顾问来完成200万元的销售额，那么一名会籍顾问每年通常能实现20万元的销售额。如果计划在下一年将销售额提高到400万元，那么下一年就需要增加10名左右新的会籍顾问。

3. 散点分析

运用散点分析实际上是一种通过确定企业的业务活动量和人员水平这两种因素相关性来预测企业未来人员需求的技术。如果两者是相关的，那么一旦能预测出企业的业务活动量，就能预测出企业的人员需求量。

第二节 体育场馆人员的招募与培训

由于员工的质量直接影响到场馆经营的效果，所以场馆经营者的一项重要工作就是吸引并留住杰出人才。

一、人员招募与甄选

人员招募与甄选是一个寻找合适工作人员的关键过程。在分析和了解现有人员优缺点、人员缺口、岗位职责的要求后，就需要实施岗位招聘。

（一）招聘启事

一份有效的工作招聘启事应该能够提供简要清晰的岗位基本信息，可以吸引符合条件的应聘者，排除掉不感兴趣和不满足要求的人员。

（二）招聘途径

一旦确定需要填补某一空缺职位，下一步任务就是建立一个求职者人才库，所有招聘的人员可以从外面也可以机构内部选拔产生，主要可通过以下途径和方式发布招聘信息，实施人员招聘。

1. 传统媒体的广告

借助媒体发布包含招聘启事信息的广告。实施时一是应考虑选用何种媒体；二是要考虑如何构思广告。往往所要招募职位的类型会决定何种媒体是最好的选择，是地方报纸、某种技术性杂志，还是电视广告。通过传统媒体发布招聘广告，不仅可以有效扩大企业的影响力，还可以借助传统媒体的巨大网络优惠更全面地发布招聘信息。

2. 新媒体的招聘服务

网络作为新媒体的代表，可以在体育场馆人员招聘中发挥重要的作用。网络招聘服务可为个人用户提供网上求职、简历中心、求职指导等个性化服务；同时为企业客户提供以网络招聘为核心的人才解决方案。无论是求职者还是企业的人力资源管理部门都可以享受招聘网站提供的专业人才招聘服务和即时的信息交流服务。

3. 就业服务机构

就业服务机构主要包括两种类型。一种是各类学校的就业指导中心，一种是地方政府开办的就业服务机构，如人才市场。通过学校的就业指导中心进行校园招聘，费用小且针对性强，是招收潜在管理人员以及专业技术雇员的一条重要途径。

无论是通过哪种就业服务机构实施的招聘都应注意：首先，要向就业服务机构提供一份精确而完整的工作简历；其次，限定就业服务机构在潜在工作申请人筛选过程中所使用的程序或工具，确保其所用的筛选手段和决策程序。当然，最好能同多家就业服务机构建立长期的关系。

4. 猎头公司

猎头公司常被企业用来搜寻高层管理人才，它可能是招募高层管理人才的唯一选择。（前几种途径很难招到俱乐部所需的关键性高层管理人才，他们可能已经被别的公司雇用，并对当前的工作比较满意）虽然通过猎头公司组织招聘，需要支付相应费用（这笔费用其实和自己组织招聘所需的费用差异不大），但可以帮助经营者把精力集中起来去判断由猎头公司进行仔细挑选后推荐给你的几位人选，不仅省时省力，而且有助于找到真正的合适人选。

5. 推荐

员工推荐主要是鼓励现有雇员向场馆经营者介绍新的工作候选人。对于那些推荐候选人较多的员工，经营者往往还可付给其一定数额的奖金。这种做法可以通过减少广告费和招募代理费来削减企业的招募成本，它还可能使企业得到高质量的雇员。这种做法的缺点是一旦雇员所推荐的人选被拒绝，推荐人可能因其对人的判断力存在问题而被经营者不信任或因此导致推荐人对企业产生不满。

（三）人员的甄选

人员甄选一般要经过初步甄选、测试和面试三个基本环节，通过逐级深入的筛选逐步确定合适的人选。

1. 初步甄选

初步甄选一般可以采用填写应聘申请表或提交推荐信这两种方法。

（1）应聘申请表

应聘申请表是为了了解应聘者的资质而制定的申请表格。应聘申请表一般应包括应聘人姓名、性别、联系方式、照片、教育及工作经历、相关经验及资质证书、期望应聘的岗位及其排序等。有时也可根据需要增加对其兴趣及能力进一步了解的选项。

一般情况下，通过对应聘申请表相关信息的初步考查，可以有效地淘汰不符合要求的应聘者，也可以根据应聘申请表提供的基本信息对拟应聘者进行分组，以便开展进一步的甄选工作。

（2）推荐信

推荐信是评估应聘者的重要资料，它反映了应聘者以往的工作情况。但由应聘者提供的推荐信往往反映了对应聘者有利的一面，因此在评估推荐信时，应将重点放在与事实相一致性等方面。如果推荐信涉及的事项非常重要，在做出结论以前应选择适合的方式进行核实。通常，采用电话核实比采用书面核实能更有针对性地识别出对方真实的内涵。

2. 测试

体育场馆人员招聘中可采用多种测试方式，包括智力测试、成就测试、能力倾向测试、兴趣测试、个性测试、心理测试等。针对不同的招聘岗位需求，可着重采取不同的测试方式。如针对运动技术指导进行的测试中，个性测试、心理测试是测试的重点；而针对健身顾问岗位的招聘中，测试的重点除包括个性、心理测试外，还应包括智力测试、成就测试、能力倾向测试等方面的内容。无论采用哪种测试，都要求其具有较高的效率和可信度，使测试分数以一种确定的方式与工作绩效相联系。测试通常可采用笔试的方式进行。

3. 面试

面试给予场馆经营者亲自评价候选人的机会，这种提问方式是测试所不能达到的方式。面试使场馆经营者有机会对候选人的智力和能力作出观察，并有机会评价候选人的主观方面——如面部表情、仪表、紧张程度等。因此，面试是一项最有效的甄选工具。面试能否发挥其最大的优势，关键在于测试实施者本身的素质与能力，而面试的有效性则取决于是否正确地实施面试。

面试一般可采用结构式面试、非结构式面试及情景模拟式面试等几种方式：

（1）结构式面试

结构式面试也称标准化面试，是根据所制定的评价指标，运用特定的问题、评价方法和评价标准，严格遵循特定程序，通过测评人员与应聘者面对面的言语交流，对应聘者进行评价的标准化过程。结构式面试主要表现在以下几个方面：

①根据工作特点分析设计面试问题。这种面试方法需要进行深入的工作分析，以明确在工作中哪些事例能体现良好的绩效，哪些事例反映了较差的绩效，由执行人员对这些具体事例进行分析，并建立题库。结构化面试测评的要素涉及知识、能力、品质、动机、气质等，尤其是有关职责和技能方面的具体问题，因此更能够保证筛选的成功。

②向所有的应聘者提出同一类型的问题，问题的内容及其顺序都是事先确定的。如：

申请该岗位的动机——应聘动机是否与场馆经营者的需求相一致？

工作描述——应聘者是否了解招聘岗位的工作要求？

背景——应聘者有必要的专业资质吗？还需要进行哪些方面的培训？

对直接上司的期望——应聘者是否很现实？是否需要密切的监督和大量的指导？

对工作的兴趣——应聘者是否对体育场馆的运营感兴趣？应聘者未来是否愿意在这个领域发展？

人际关系的技能——应聘者能与他人很好地相处吗？具备必要的人际交往技巧吗？能处理人际问题吗？

形象与气质——应聘者的着装得体吗？表现出为他人服务或接受他人服务的意愿了吗？

结构化面试中常见的两类有效问题是"以经历为基础"的问题和"以情景为基础"的问题。其中以经历为基础的问题，其设问应与工作要求有关，主要考查求职者过往的工作经验，如"你对体育场馆安保工作了解吗？以前从事过类似的工作吗？你觉得做好这个岗位的工作最难的是什么？"而以情景为基础的问题，是在假设的情况下，考查求职者与工作有关的认知、能力。提问通常需要由简易到复杂、由一般到专业，逐渐加深问题的难度，使候选人在心理上逐步适应面试环境，从而充分地展示自己。

③采用系统化的评分程序。通常情况下，场馆经营者委派的招聘人员应根据问题及答案，从行为学角度设计出一套系统化的具体标尺，每个问题都有确定的评分标准。针对每一个问题的评分标准，建立系统化的评分程序，保证评分一致性，提高结构有效性。

因为多数问题为定性评价，可采用相关的定性评价方法进行测评。如采用"非常满意、比较满意、满意、不太满意、很不满意"的五级评分方式，或相对简略的三级评价方式。

结构化面试一般有时间限制。参与评价的测评人员应为单数。成绩汇总采用体操打分法，即测评人员评出的分数，去掉一个最高分，去掉一个最低分，剩余有效评定分数的算术平均值，为应聘者的面试成绩。

（2）非结构式面试

非结构式面试就是没有既定的模式、框架和程序，主测评人可以随意向应聘者提出问题，而对应聘者来说也无固定标准的答案。主测评人提出问题的内容和顺序都取决于其本身的兴趣和现场应聘者的回答。这种方法给谈话双方以充分的自由，主测评人可以针对应聘者的特点进行有差别的提问。

虽然非结构化面试形式给测评者以自由发挥的空间，但这种形式也有一些问题，它易受主测评人主观因素的影响，面试结果无法量化以及无法同其他应聘者的评价结果进行横向比较等。

（3）情景模拟面试

情景模拟面试又称情景性面试，是面试的一种方式，也是目前最流行的面试方法之一。作为一种采用管理评价中心技术的面试手段，它将求职者置于一系列真实的练习中，由测评者对求职者在练习中的表现进行观察和评价。真实练习包括模拟的前台服务、销售介绍和模拟教学等。

目标设置理论认为，一个人的未来行为会在很大程度上受到他的目标或行为意向的影响。基于这个假设，情景模拟面试的目的是给应聘者设置一系列工作中可能会遇到的事件，并询问："在这种情况下你会怎么做？"以此来分析应聘者与工作相关的行为意向。应试者对他将来会怎么做的回答与他将来真实的行为之间有非常高的关联性。所以，情景模拟面试就是通过设置工作中可能遇到的各种典型情景，让应聘者在特定情景中扮演特定的角色，完成一定的任务，从而考查其多方面实际工作能力的一种面试方法。情景模拟面试主要考查应聘者的思维灵活性与敏捷性、语言表达能力、沟通技能、处理冲突的能力、组织协调能力、人际关系处理能力等。总体上看,它是一种低成本但很有效的模拟工作相关事件的面试方法。

如上所述,情景面试主要测试应聘者的各种实际操作能力,主要有以下五个特点:针对性、直接性、可信性、动态性和预测性。上述特点也派生了情景面试的相对局限性,主要表现为测试的规范化程度不易平衡,效率较低。同时,对测评实施者素质的要求较高。

情景模拟的方式主要包括以下几方面:

①工作活动的模拟。这个测试项目可以采用以下两种形式进行考查,一种是请示与汇报的模拟,一种是布置工作的模拟。通过这一测试考查应聘者对岗位工作程序及规范的认识与理解。

一、请示与汇报的模拟。请示与汇报的模拟是通过上下级对话的形式,模拟接待客户或向上级领导汇报或请示工作的情景。由被测者饰下级或接待员、销售员,测评员饰上级或客户。这种模拟测试可采用主考人员与其对话,其余测评人员观察打分的方式进行。测试前应让被测者阅读有关材料,使其了解角色的背景和要求。测试主题可根据岗位情况专门设置一题,需有一定难度和明晰的评分标准,时间以每人半小时左右为宜。若应聘岗位为负责一项活动或需要具备某些专门技能时,如场馆安保人员、羽毛球教练或是某项大型活动的协调人,情景模拟面试时往往会增加技能测试类情景模拟项目。这种测试的结果往往比单独面试更能说明应聘者的技能、知识和领导能力。

二、布置工作的模拟。要求被测者扮演一定层级的管理人员,在审阅一份上级文件或会议纪要后,以特定的身份,结合部门实际,对工作进行分工布置和安排。这一项目可以以个别测试的方式进行,测评人员一般为招考部门领导,在一定条件下测评人员可通过向被测者进行发问,来对其进行较深入的整体测评。最后依据评分标准分别评分。

②角色扮演。事先向应聘者提供一定的背景情况和角色说明,模拟时要求其以角色身份完成一定的活动或任务,以考查应聘者对岗位及其职责的认识和理解。例如以部门负责人的身份主持会议、以会籍顾问的

身份电话回访会员、以安保员的身份或运动指导人员的身份处理场馆安全方面的突发事件等。

③现场作业。提供给应聘者一定的数据和资料，在规定的时间内，要求其完成编制计划、设计图表、起草公文、计算结果或者现场模拟教学等方面的任务，以考查应聘者的实际操作能力。

④会议模拟。将若干（如10人左右）应聘者分为一组，就某一需要研讨的问题、需要布置的活动或需要决策的议题，应聘者自由发表议论，相互切磋探讨。具体内容有会议的模拟组织、主持、记录及无领导小组讨论等。这是近几年在借鉴国外先进测评技术基础上开发的面试方法之一，主要可通过应聘者会议模拟时的表现，考查、测评及发现应聘者的各种潜质和能力，如领导力、团队合作能力、创新思维能力等。

在进行人员招聘和甄选的过程中，可综合使用以上各种人员甄选方法。如果很难从两个或更多的候选人中做出选择，就再进行一轮面试。当无法为一个非常优秀的应聘者提供相应职位时，可考虑将其推荐到另外一个合适的岗位或机构。把一个能力远超过岗位需求的人放在该岗位上，很可能会导致不满情绪的滋生。应在面试的某个合适时间，告知应聘者录用的时间及是否录用等情况。同时，应对所有参与应聘和对该职位感兴趣的人员表示感谢，并保存好所有的申请，建立人才库以备不时之需。

二、人员培训与使用

（一）人员培训的目的

现如今越来越多的企业意识到，人才才是企业的核心竞争力。为了不断提高企业的核心竞争力，企业的管理者越发意识到提供学习机会对提升员工各方面的能力和素质的重要性。对于体育场馆经营者来说，在编人员少、临时人员流动性大、岗位变动大是人力资源管理中的主要难题，这些都对人员培训提出了更高的要求。通过适当形式与内容的培训，使新员工或临时人员能够尽快进入工作角色，使老员工能不断提升工作绩效。

无论是对新员工培训还是对老员工培训，开展培训的第一步就是确定需要进行什么培训，即培训的目的和需求是什么。任务分析与工作业绩分析是确定培训需求的两个主要方法。前者是对工作做详细的研究以确定必需的技能，以便实施适当的培训计划，特别适用于对确定从事新工作的员工的培训需求。后者则是对已在岗员工的工作业绩做细致的研究，核验当前工作绩效与要求的工作绩效之间的差距，以确定培训是否可以提高工作业绩、工作效率或减少工作失误。

（二）人员培训的内容

1. 业务培训

对于管理人员及行政内勤人员而言，业务培训主要围绕内部管理与服务、组织协调和对外沟通联络，以及处理突发事件的危机管理等方面的知识和技能技巧进行培训；对于运动技能指导人员及健身顾问而言，业务培训主要围绕完善专业知识结构、学习新运动项目、提高教学技能和水平，以及沟通营销能力等方面展开；对于会籍顾问而言，主要围绕市场推广、销售技巧、服务接待、心理辅导等方面进行开展；对于前台服务人员而言，主要围绕接待服务、沟通协调、自动化软件等方面进行开展。对于场地工及设施维护、安保、保洁等技术保障型人员而言，培训的重点则主要围绕技术提高、沟通与服务技巧等方面进行。

2. 职业道德培训

在今天日益激烈的商业竞争环境下，对职场人提出了更高的要求，特别是在道德、忠诚度及综合素质方面，也就是我们常说的职业道德方面。很多企业也都认识到了职业道德的重要性，也给员工进行了大量的关于职业道德方面的培训。但众多企业在给员工做职业道德培训时，都是千篇一律地告诉员工，要敬业，要忠诚，要守信，等等，很少会站在员工的角度，以员工的思维去思考，为什么要敬业？为什么要忠诚？为什么要遵守职业道德？这就导致了培训效果不佳，甚至引发了负面影响，让员工认为，所谓的职业道德培训是在上"政治课"。因此，对体育场馆经营者而言，面对场馆人员类型多、文化水平及认知能力差别较大的状况，应注重从"诚信服务铸就企业发展、企业发展提供个人发展平台"互动发展的角度，分类开展职业道德培训。

3. 企业文化培训

每个公司都非常重视新员工入职前的培训，但重点都是采用一种灌输的方式，讲述企业的规章制度，让大家明确一些必须了解的规定，从而知晓哪些事情能做、哪些事情不能做，实际上这都是企业文化建设的一个重要组成部分。

对于体育场馆经营企业而言，服务是其主要的经营产品，提供高质量服务的制度文化、理念文化、行为文化和物质文化对企业经营活动意义重大。

(三) 人员培训的方式

1. 公司培训

公司培训主要指公司自己组织或者委托社会培训机构对员工进行的培训。这种培训主要根据企业自身的发展需要和工作需求来开展，最终目的是提高企业的工作业绩。从培训对象来看，既包括新入职员工的培训，还包括对在职员工的培训；从培训的方法来看，可以分为在职培训和脱产培训。

(1) 在职培训。在职培训是运用得最为普遍的一种培训方法，它有助于解决工作中可能出现的问题，有助于帮助员工提升工作的信心和兴趣。在职培训主要采用下列方法：

①工作指导（师带徒、导师制）。在单独工作前，新员工或志愿者被安排与有经验的员工一起工作。有经验的培训者往往会把新人与业务最好的模范员工放在一起。

②工作轮换。为了让新员工快速熟悉场馆经营的工作流程，提高老员工的岗位适应性，可安排受训员工在企业的多个岗位上进行工作轮换。

在职培训的优点是比较省钱，受训者边干边学，不需要准备诸如教室、教学计划、教学手段等花费较多的脱产培训设备设施。同时，这种方法还能促进学习，因为受训者通过实干来学习，能够及时得到实践操作行为正确与否的反馈。

(2) 脱产培训。脱产培训方法主要有案例分析法、会议法、专题讨论法、封闭训练法和短期课程班等。

①案例分析法。组织新员工或需要培训的老员工，针对场馆经营中的典型问题和典型事例，通过观察与参与的方法，掌握和提高工作技能。如通过案例讲解体育器材设备的使用及易出现的问题，救生技巧和突发事件的处理方法等。采用案例分析的方法可以有效提高学习效果。

②会议法。通过定期召开员工会议传达各种信息（如时尚健身课程信息、促销计划信息、薪资调整信息等），起到广泛宣传、获得反馈的作用。

③专题讨论法。专题讨论法可以集中讨论工作准备、信心培养、冲突解决、沟通技巧、社区关系等问题。通过鼓励员工参与讨论，不仅可有效提升员工的团队凝聚力，同时可通过交流分享来探讨员工的工作心得和技巧。

④封闭训练法。封闭训练法通常是将员工封闭在特定教室，或有机会把员工送到工作场所之外的地方，或送到专业的培训机构去，以便开展延续几天的专题培训或训练，接受有关执行力、财务管理、客户服务或团队精神等方面的专题培训。这种封闭式的高度专注的培训，对建立团队精神、提高工作绩效十分有效。

⑤短期课程班。短期课程班是指在一段时间内集中于一个技能或主题，并根据需要或培训课表重复开设的一种培训形式。参加这样的课程培训可以是自愿的，也可以是强制性的。课程内容主要涉及场馆经营中一些关键性技能或问题，如运动技能指导方法、急救方法、会员投诉的处理、观众的组织和情绪疏导、内勤工作规范和突发事件的处理等。

脱产培训企业付出的成本较高，对受训者原来的工作也有一定的影响，企业需作出周密的安排和布置。但这种方法的好处是可以让受训者

第五章　体育场馆人力资源管理

不受工作和杂事的干扰，集中精力和时间学习，所学到的知识和理论也比较系统。这些培训或训练往往可以通过外包的形式进行。

2. 自学培训

自学培训主要指员工根据自身的职业发展需要和兴趣爱好参加相关的社会培训机构组织的培训，通过培训还可以获得相关的资质证书。虽然这是员工根据自己的需求而参加的培训，但同样也起到了提高工作绩效和工作效率，帮助组织实现工作目标的作用。

(四) 人员的使用

在体育场馆运行中，各类人员都扮演着举足轻重的角色，分别提供引导、指导、服务、维护和监督等服务。他们的能力及资质直接决定体育场馆提供的产品及服务的水平。因此筛选出适合的人力资源既是场馆运行中成本控制的重要方面，更是保障服务质量的重要途径。

人员使用的关键是做好日常人力资源运营工作，安排好日常的工作人员、合理配置和管理好临时人员。

1. 人员安排

人员安排分为短期安排和长期安排。影响人员安排的因素包括岗位性质、岗位要求（性别、能力和专业知识等方面的要求）、岗位数、所需人数和可安排人数等。

根据体育场馆经营活动的特点，场馆经营中的人力资源（除了编制内的部分行政管理人员）大多数需要根据场馆经营计划及岗位特点进行长期或短期安排。由于场馆经营活动往往持续时间较长，场馆一般服务性工作人员通常要根据场馆经营的时间安排选择倒班，其他保障部门的工作人员也必须根据场馆营业时间安排选择工作的班次。他们可以选择在某些天工作、某个场地工作，也可以是上述的组合。

这种安排是特定时间段（季度、月度、周）的工作计划。工作人员可以根据对业务的熟悉情况、个人时间安排的喜好等填写可以工作的时间表，然后由相关部门综合考虑后制订相应的人员安排计划，并形成人员安排通知，明确每位工作人员的时间安排和不同部门（或场地）的人员安排情况。因为从工作人员的工作兴趣和对工作的熟悉程度出发来选择倒班的时间,所以既能保证场馆经营中人员和时间安排上的连贯一致、提高工作效率、减少混乱,同时,也能最大限度地保障工作人员在时间安排上的自我意愿,避免由于感觉工作单调乏味而产生的厌烦情绪,也为员工提供了工作变动和轮换的机会。

2. 志愿者管理

如前所述,志愿者是体育场馆经营中的一个特殊群体。他们与场馆经营者之间没有劳资关系,但却是场馆运营中一支重要的生力军。

(1) 志愿者的特殊性。在我国,多数体育场馆都承担着组织、开展大型群众性文化、体育活动,甚至各种社会活动的责任。因此,多数体育场馆在其经营中都经常性地需要大量志愿者。志愿者的特殊性决定了其在活动组织中扮演了重要的角色,并且也将继续发挥其重要作用。其特殊性主要表现在:

①在场馆经营中,特别是场馆经营资金紧缺时,具有设备维护保养或专业技术指导服务等方面技术特长的志愿者,可充当专业人员,甚至可以提供专职工作人员所不具备的技能和知识。

②志愿者所具有的新颖视角、对工作和体育运动的热情,以及奉献精神,往往能够带动和激发其他工作人员,也能引起运动项目参与者或消费者的体育兴趣。

③志愿者可以临时性地承担日常工作,以便让专职人员集中精力完成更困难的任务。

(2) 志愿者的工作内容。志愿者承担的工作主要包括以下方面的内容。

①后勤服务。在体育场馆运营中涉及大量后勤服务类工作,如日常运营中的行政后勤、设施及物品的维护、保养与运输、宣传与促销、大型活动中的后勤保障、场地服务、信息服务等,都需要安排大量志愿者参与服务工作。

②运动项目指导服务。在场馆运营中,许多志愿者都参与或负责各

类运动项目的推广、技术指导等工作。志愿者作为社区体育指导员、运动项目指导助理、比赛协调员、裁判员等，在一些项目中可能作为辅助工作人员开展工作。

③管理和顾问服务。相对于提供其他服务的志愿者，提供管理和顾问服务的志愿者往往具有特殊的身份和职业背景。这类志愿者可在运动技术、法律、管理及更广阔的领域为场馆的经营活动提供志愿服务。

（3）志愿者的要求。在场馆经营活动中，志愿者是否与经营团队具有良好的关系以及志愿者的服务是否会取得较好的工作效果，这在一定程度上取决于志愿者的品性、特征和技能。合适的志愿者必须具有以下特点：

①对体育运动（或具体的运动项目）真诚地感兴趣并且始终如一。

②愿意且有能力付出自己的时间和努力。

③能很好地与他人共事。

④有成熟的判断力，能在仔细分析后表达出来。

⑤有解决问题的意愿。

（4）志愿者的培训。志愿者选定后，经营者经常会忽视对他们进行评估和正式工作前的准备工作的介绍。由于志愿者对场馆经营的重要性和在经营活动中的贡献，场馆经营者应该专门为他们设计培训和评估体系，包括了解企业经营目标、发展历史、组织流程、规章制度、运营指南、工作描述、机构人员名单、岗位清单以及联系方式，讨论志愿者的角色和作用、预期的职责和可能的工作等，并把这些编入志愿者手册，组织专门的课程学习这些资料。

（5）需要特别注意的问题。自愿付出时间和服务来充当志愿者的动机多种多样，包括希望有实际工作经验、个人价值认可、声誉、工作推荐和获得学分等。由于不依靠志愿工作获得收入，所以可能会产生一些问题。如不认同场馆经营者的经营理念，导致工作不负责任；由于与经营者没有劳资关系，在缺乏完成指派工作的能力或不守规矩时，较难纠正和惩罚；虽然工作认真，但当正式员工不能同样地工作时，容易愤愤不平；个人的发展规划与志愿者工作发生冲突；志愿者中的领导者可能试图侵夺正式员工的权利等。这些问题如果不能很好地预防和解决，会在很大程度上影响志愿者服务的效果。

第三节　体育场馆人员的考核与职业发展

员工工作表现是否能够与场馆经营目标相一致，决定着企业的竞争力。为了保持这种竞争力，必须准确评定员工当前的工作状态，并把它作为员工提升、维持、发展和解雇等决策的重要依据。

一、人员考核与薪酬管理

（一）人员考核

绩效管理是现代人力资源管理的核心环节之一，而绩效考核又是绩效管理中最重要的一环。绩效考核对任何一个企业而言，都是一项十分重要的工作。考核的定位不仅直接影响到考核的实施，而且不同的定位会导致实施方法上的差异。

1. 什么是员工的绩效

绩效考核是对员工绩效的评估，那么什么是员工的绩效？从字面上看，"绩"是指业绩，即员工的工作结果；"效"是指效率，即员工的工作过程。绩效考核无疑是绩效导向式的管理。但绩效导向并不意味着只关注结果，在关注结果的同时，也应关注取得这些结果的过程。

2. 关键绩效指标

关键绩效指标是对员工进行绩效考核的重要依据指标，是对场馆运营过程中关键成功因素的提炼和归纳。因此，关键绩效指标应具有相关性强、简洁精准、可控易管理、具体明确、可量化且有明确衡量指标、切实且具有挑战性、有时效性等特点。

对于一般工作人员而言，关键绩效指标主要来源于部门或个人的业务重点、具体岗位及职位的业务标准等实际因素。

对于关键绩效指标难以量化的员工,如人力资源管理者、行政管理者、财务管理者,其关键绩效指标的确定难度相对较大,但也并不是无法实现的。这类人员的关键绩效考核指标来源于职位职责中的关键责任、对上级绩效目标和相关部门绩效目标的贡献等。

3. 关键业绩指标设计

在设计关键业绩指标时,通常会采用以下几个步骤:找出实现目标的关键成功因素、确定关键成功因素与主要流程之间的联系、确定各主要业务流程的关键控制点、构建初步的绩效指标体系。这些步骤常会运用以下具体方法:

(1) 个案研究法

个案研究法通过选取若干个具有代表性的人物、事件或岗位的绩效特征进行研究,从而确定绩效考核指标和考核指标体系。选择典型人物和资料时,可以选择成功的案例,也可选择失败的案例,也可选择将两者结合起来的案例。

(2) 访谈法

访谈法通过与各类人员,如被考核者的上级、被考核者以及与被考核者有较多联系的相关人员进行交流,这种交流可以是个别的访谈或群体访谈,这些交流的资料可作为确定考核指标的依据。

(3) 经验法

根据本单位的具体情况和积累的经验,同时参考本行业其他单位人员绩效考核方面的经验,再结合本单位的考核目标来确定自身绩效考核指标。

(4) 问卷调查法

问卷调查法首先通过前三种方法的使用,收集、分析并初步确定绩效考核的基本指标,然后通过问卷调查的方法确定最终的考核指标及其重要性程度。问卷调查有结构问卷调查和非结构问卷调查之分,在绩效指标确定工作中常采用结构问卷调查法。

在确定绩效考核指标的过程中,人力资源管理部门可将该问卷发放给相关领域的管理专家、销售部门业务经理和具有一定工作经验的会籍顾问，通过他们帮助人力资源管理者确定最终的绩效考核指标。根据问卷统计的结果确定指标权重，并最终形成绩效考核表。

4. 确认绩效的数据来源和收集方法

绩效考核的资料来源主要有三种：客观数据、人力资源管理资料和评判数据。

（1）客观数据

客观数据主要指员工的工作数据，具有客观性。然而这些数据容易受到员工自身以外的许多因素的影响。如区域经济发展的大环境（全球金融危机）、市场自身的发展形势（高尔夫项目发展的政策性阻力）等因素会使高尔夫球场会籍顾问、球童及器材销售与维护等岗位的绩效受到一定程度的影响。另外，客观数据往往只表现数量而忽视质量；对于许多职位而言，很难找到客观的、定量的尺度。因此，完全依据客观数据的绩效评价并不合理，应用也并不广泛。

（2）人力资源管理资料

实践中最常采用的评估指标包括缺勤率、离职率、事故率和迟到情况等。由于这些资料反映的工作行为比较片面，在多数岗位的绩效评价中只能作为辅助性的考评资料。

一般我们可通过查找工作过程中的原始记录（如工作记录本、考勤记录本等），对销售、服务的数量和成本，及出勤等客观情况进行判定。

（3）评判资料

多数考核中都采用了管理人员对下级工作情况进行评判的方法，这种主观评判几乎适用于所有工作职务。评判数据以上级对下级的评定为主，也包括员工本人的评判、同事间的评判以及下属对上级的评价。

（二）薪酬管理

1. 薪酬设计的基本原则

薪酬设计原则主要包括：内部一致性、外部竞争性、激励性与管理的可行性。

（1）内部一致性

薪酬体系的设计使员工能够感觉到，相对于同一组织中从事相同工作的,以及从事不同工作的其他员工,自己的工作获得了适当的薪酬。

(2) 外部竞争性

组织薪酬体系的设计应使员工在与其他机构、类似职位的比较中感受到优势,并能够保持这种优势。

(3) 激励性

薪酬的设计应该能够体现员工的报酬与业绩间的密切关系,能够根据绩效水平的高低来对薪酬进行相应调整。通常可依据激励方案和绩效考核结果来实现。

(4) 管理的可行性

薪酬体系应具备科学性,以确保薪酬体系能够有效地运行并实现前述三个原则和目标。

在体育场馆运营中,只有建立起具有内部一致性、外部竞争性、激励性与管理的可行性优势的薪酬体系,才可能有效地吸引、激励所需要的员工,以实现经营者的战略目标。

2. 薪酬体系设计

(1) 薪酬支付依据选择

目前薪酬分配主要基于三个价值准则,即职位、能力、绩效。职位和能力多用于确定员工的基本工资,而绩效则多用于奖金发放和绩效加薪。对场馆经营中两种不同类型的人力资源而言,俱乐部行政管理人员等多数编制内人员由于缺乏考核的客观数据基础,因此其薪酬应侧重选择基于职位和场馆整体绩效的支付方式。而临时人员的存在本身就依赖于其工作能力及其对场馆经营的贡献。因此其薪酬应选择基于能力和基于个人绩效的模式。如基于能力确定俱乐部私人教练的课时费,通过个人绩效确定会籍顾问或私人教练的奖金或提成。

(2) 薪酬构成选择

薪酬构成是指在总薪酬中,基本工资、奖金(含长期激励和短期激励)及福利(这里主要指非法定福利)所占的比重。

实践中,在确定薪酬构成时,通常会考虑岗位的工作性质。如会籍顾问人员奖金所占的比重应当比运营管理人员大。这种基于能力与绩效的薪酬结构，大多采用宽带薪酬结构。与基于职位的薪酬体系不同的是，能力薪酬能够根据员工所具有的任职资格及实际能力来调整和体现薪酬差异。相对于传统的职位薪酬体系，它能够打破官本位思路，为员工提供更加广阔的职业生涯发展通道，能够更加有助于激励员工提升自己的知识、技能或能力，从而提升组织的人力资源素质，培养员工的核心专长与技能。当然，尽管这种薪酬体系有着诸多的优点，但由于能力评估的难度和不确定性，在实际应用中尚面临一定挑战。

（3）社会福利保障

员工福利是企业薪酬福利体系的重要组成部分，它直接影响到员工的生活质量和对企业的满意度。员工福利一般由法定福利和企业自定福利组成。

①法定福利。法定福利主要指企业依照国家规定为员工缴纳的五险一金，即养老保险、医疗保险、失业保险、工伤保险、生育保险、住房公积金，以及其他法定福利。

②自定福利。在许多企业中，自定福利统称为福利性薪酬，主要是指公司在国家规定之外根据企业自身情况自行为该职位员工提供的年度其他福利。如企业出资的企业年金、补充医疗保险、人寿保险、意外及伤残保险等商业保险计划及住房、交通、教育培训、带薪休假等其他福利计划。这些福利待遇具有间接性收入的性质，因此是货币薪酬的一种补充。

除了上述福利计划外，企业还会根据经营情况为员工提供交通服务、健康服务、旅游服务和餐饮服务等福利项目。一些企业为员工上下班提供交通费补贴，报销公交车、地铁的月票费用；有的地处郊区的场馆经营企业（如高尔夫球场等）还为员工提供上下班的班车接送服务。还有不少场馆经营企业，会依据经营情况为员工提供使用健身房和各种健身器械的专门时间段；为员工举办专门的运动健康教育讲座，保障和维持员工的身体和心理健康。组织员工季节性远足（如春游），或为员工提供假期旅游及报销旅游费用的福利。在公司内部建立食堂，以低于成本的价格，甚至是免费为员工提供餐饮服务；或以外卖等方式统一安排员工工作餐、提供饮水或自动售货机服务等。员工对现有各类福利的关注度，虽未表现出太大的年龄差异，但也呈现出了一定的趋势和特点，即35岁之前，员工最关心自己的职业生涯发展；35岁开始，员工会更加重视医疗健康福利。

以上所论述的福利计划都属于全员性的福利计划，即所有员工都可以平等享受的福利。事实上，企业还有为不同职位和不同需求的员工提供的特种福利，如针对企业高层经营管理人员或高级专业人才的公车服务等。实际上，特种福利是依据人员的贡献率，是对他们的特殊回报。

二、职业发展与解雇管理

（一）员工的职业发展

把每一个员工看作是可以在各自岗位上成长和提升的个体是很重要的。对员工实施的职业发展管理，其重点就是要帮助员工建立合理的职业生涯规划。

1. 职业生涯早期管理

职业生涯的早期管理主要是要帮助员工建立合理的职业生涯规划。职业生涯规划是指组织与员工共同制定的，基于员工个人和组织共同需要的，员工个人发展目标与发展道路活动。对于体育场馆经营者而言，帮助员工制定职业生涯规划，是组织开展和提供的、用于帮助和促进员工实现其职业发展目标的行为和过程。包括为员工提供必要的教育、训练、轮岗等发展机会，以促进组织发展目标和员工职业生涯目标的实现。

（1）制定职业生涯规划应考虑的因素。尽管由于员工个体的差异而使得员工个体的职业生涯规划内容各不相同，但制定职业生涯规划时需要考虑的因素却是基本相同的。一般包括：

①员工个人的情况（包括教育背景、性别、年龄等因素）以及个人对自身能力、兴趣、职业生涯需要及追求目标的评估等。

②组织对员工能力、兴趣和潜力的评估。

③组织与员工在职业生涯选择、规划与机会方面的沟通。

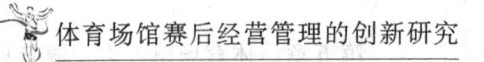

(2) 制定职业生涯规划的步骤。在综合考虑上述因素的基础上，制定职业生涯规划一般都要通过四个步骤来完成。

①帮助员工进行分析与定位。帮助员工进行比较准确的自我评价，同时还必须对员工所处的相关环境进行深层次的分析，并应根据员工自身的特点设计相应的职业发展方向和目标。这一阶段的主要任务是开展员工个人评估、组织对员工进行评估和环境分析三项工作。其中，员工个人评估就是指员工对自己的能力、兴趣、职业生涯需要及其目标进行评估。组织对员工进行评估则是为了确定员工的职业生涯目标是否现实。而环境分析主要是通过对组织环境、社会环境、经济环境等问题的分析与探讨，来明确环境对职业发展的作用、影响及要求，以便更好地帮助员工进行职业选择与职业目标规划。

②帮助员工确定职业生涯目标。帮助员工确定职业生涯目标，主要包括职业选择以及职业生涯发展路线的选择两个方面的内容。职业的选择是事业发展的起点，选择正确与否直接关系到事业的成败。因此组织应当开展必要的职业指导活动，通过对员工的分析与对组织岗位的分析，为员工选择适合的职业岗位。职业生涯路线是指一个人选定职业后从什么方向实现自己的职业目标，比如是向专业技术方向发展还是向行政管理方向发展。发展方向不同，对个人的要求也就不同，因此生涯路线选择也是人生发展的重要环节之一。值得注意的是，组织帮助员工设立的职业生涯目标可以是多层次、多阶段的，这样既可以使员工保持开放灵活的心态，又可以增强员工的稳定性，提高其工作效率。

③帮助员工制定职业生涯策略。职业生涯策略是指为了争取实现职业目标而积极采取的各种行动和措施。比如参加组织举办的各种人力资源开发与培训活动、构建人际关系网、在业余时间参加课程学习、掌握额外的技能与知识等都是职业目标实现的具体策略，另外也包括为平衡职业目标与其他目标（如生活目标、家庭目标等）而做出的种种努力。通过这些努力，有助于个人在工作中取得更好的业绩表现。

④帮助员工进行职业生涯规划的评估与修正。由于种种原因，最初组织为员工制定的职业生涯目标往往都是比较抽象的，有时甚至是错误

第五章　体育场馆人力资源管理

的。因此在经过一段时间的工作以后，组织还应当有意识地回顾员工的工作表现，核查员工的职业定位与职业方向是否合适。

通过以上四个步骤，组织就可以有效协助员工完成个人职业生涯规划。

2. 职业生涯中后期的管理

（1）职业生涯中期管理

员工通常表现出强烈的需求，希望实现自己的理想、充分发挥自己的才能、取得与其能力相称的成就。因此，可开展以职业生涯发展为导向的工作绩效评价，并通过安排富有挑战性、探索性的职业任务，实施工作轮换等方式帮助员工实现自我价值，使他们都充分发挥自己的潜能并获得职业生涯的成功。同时，赋予员工以良师角色，通过建立职业记录、职业公告制度、职业信息系统等，为其提供适宜的职业生涯发展机会。

（2）职业生涯后期管理

即将退休的员工将会面临财务、住房、家庭等多方面的实际问题，同时又要适应结束工作开始休闲生活的角色转换和心理转换，即退休者需要同时面对社会和心理方面的调节。通过实施适当的退休计划和管理措施来满足退休人员情绪和发展方面的需要，是组织应当承担的一项重要工作。组织可以通过开展退休咨询、召开退休座谈会、组织退休研讨会等，了解员工对于退休的认识和想法，讨论应当如何认识和对待退休，交流退休后的打算，以及如何过好退休生活的经验等，帮助即将退休的员工为退休做好充分的思想准备，以减轻退休后所产生的迷茫和失落感。如果退休员工个人身体和家庭情况允许，尚可继续参加工作，组织也可以采取兼职、顾问或其他方式聘用他们，使其发挥余热。提前退休则是指付给员工一定的费用，让其离开职业组织。这往往是组织降低成本但不削减人员的策略之一。退休经费一般是指一笔退休金及按一定比例发放的月工资或年工资。这些经济待遇对员工，特别是对那些在组织时间较长的员工来说，还是有一定吸引力的。

（二）解雇管理

解雇指员工与企业的雇佣关系被非自愿性终止。解雇是对员工采取的最严厉的纪律处分，因此它也是必须经过慎重考虑后采取的方案。解雇应当是正当的，有充分理由的，只有在采取了所有帮助改善或挽救该员工的适当措施均告无效的情况下才可采取解雇。毫无疑问，在需要解雇的时候，应当立即解雇。

1. 解雇的原因

解雇原因可分为工作业绩不合要求（一直没有完成指定任务或一直不符合规定的工作标准）、行为不当（蓄意、有目的地违反规定，包括偷盗、吵闹、不服从等）、缺乏从事本职工作的资格（很勤奋但没有能力从事指定的工作）、工作要求改变（所从事的工作被淘汰）等几类。

2. 解雇的程序

如果需要解雇，管理者应该按照一定的程序进行。

（1）警告。在采取任何最终措施之前，都应该向员工发出警告，必须让员工知道他的工作再不达标，他将被解雇。应该有书面形式的最后警告确认书。

（2）解雇前的准备性工作。如果该员工曾使用过机密文件或保管过财物，应该采取相关的机密管理措施，如更换密码和锁头。采取措施预防当事人可能采取的暴力和非暴力的报复行为。

（3）解雇面谈。解雇面谈是使员工得知自己已经被解雇这一事实的谈话，解雇员工是管理者在工作中将面对的最困难的工作之一。即使以往已经被警告过许多次，被解雇的雇员往往还是会在被解雇的时候表现出不相信或者做出激烈的反应。因此要做到：

①精心安排谈话时间和地点。应将谈话的时间安排在实施解雇的这个星期的头一天，并确认该雇员会如期赴约。尽可能避免在周末、节假日前或者在休假期间通知员工谈话的时间。绝对不要通过电话通知员工被解雇的消息。尽量缩短谈话时间，一般用10分钟就足够了。谈话应选择在一个中性的地方，不要在自己的办公室或员工的办公室。要事先准备好雇员协议、人力资源档案和发布的通知等文件。准备好医疗或安全急救的电话号码。

②抓住要点、说明情况。不要通过寒暄或谈其他无关紧要的事情来

旁敲侧击。员工一进入你的办公室，首先要给他时间放松，然后就将你的决定告诉他。一定要用简短的语言说明解雇的原因。例如，"在你的工作领域，会员投诉率提高了20%。在过去的三个月里，我们曾就此问题谈过几次，但是问题还是没有解决，我们不得不作出改变"。管理者应该注意的是，谈话要说明情况，而不应该攻击员工个人。还应该强调这个决定是最后的，不可改变的决定。

③认真倾听。倾听是让员工能够在较为轻松的环境中进行谈话，能比较心平气和地接受解雇这一事实的重要条件。场馆经营者或人力资源管理者应保持倾听，说明解雇补贴、福利，以及如何领取这些费用，阐释处理意见和建议的。倾听可避免与被解雇人员陷入争执，应用比较积极的方式来让员工表达意见，如静听、重复员工的看法，不时点头等。注意不应该作出任何承诺，这样只会使问题复杂化。当被解雇员工离开谈话地点的时候，解雇过程就结束了。

④提供帮助。被解雇的雇员可能迷失了方向，不清楚下一步应该做什么，应该为员工提供一定帮助，如告诉该雇员离开后应该到什么地方去，有关补贴可以在什么地方领取等。

第六章 体育场馆的设备管理

第一节 体育场馆设备管理概述

设备是现代体育场馆运营的关键工具,也是体育场馆提供的服务要素之一。设备的技术状态直接影响着体育场馆向社会输出成果的数量、质量以及经济效益。所以,对设备进行全面、严格的管理是实现体育场馆高产、优质、低耗地进行服务经营的基础。随着科学技术的快速发展,产品技术含量的不断提高,设备及其管理在体育场馆发展中的地位日趋重要。

设备管理,是对设备生命周期的全过程的控制管理工作,即从设备购置开始,覆盖在服务经营领域中的使用、磨损与补偿,直至报废退出服务经营领域为止的全过程的管理工作。

一、设备管理的内容

1. 对设备进行全过程管理

这是指从选购设备或自行设计制造设备到设备在服务经营领域内使用、维护、修理,直至报废退出服务经营领域为止的全过程管理。如图6-1所示。

第六章 体育场馆的设备管理

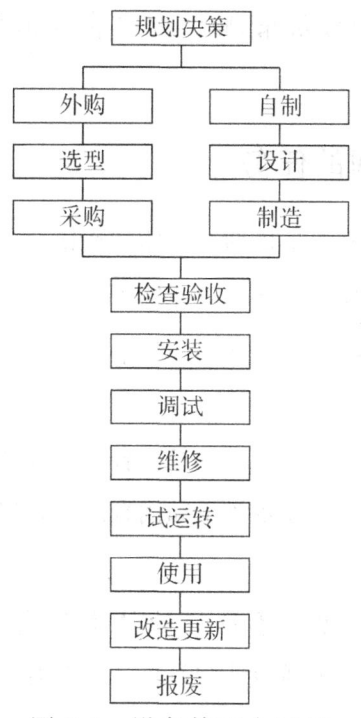

```
          规划决策
         ┌───┴───┐
        外购     自制
        选型     设计
        采购     制造
         └───┬───┘
           检查验收
            安装
            调试
            维修
           试运转
            使用
          改造更新
            报废
```

图 6-1 设备管理全过程

2. 追求设备寿命周期费用最优化

设备的寿命周期费用，是设备一生的总费用，在设备规划决策的方案论证中，应追求设备寿命周期费用最优化，而不是只考虑购买或使用某一阶段的经济性。当然，还要考虑设备的综合效率。

3. 随着科技进步，及时引进先进的体育器材装备

随着社会主义市场经济的发展，人们审美水平和欣赏品位越来越高，产品的种类逐渐丰富，质量越来越高，市场竞争进一步加剧，因此应该及时提供能够满足经营服务发展需要的先进、适用的体育器材装备。

4. 加强设备的维修工作以保证服务经营活动的连续性

体育场馆设备管理的日常工作主要是设备维护维修工作，它是设备管理的重要环节。

5. 加强设备的经济管理和组织管理工作，实现设备的全员管理

二、设备管理的任务

设备管理的主要要求是贯彻执行体育场馆的经营方针，实现体育场馆的经营目标。它的具体任务有以下四个方面：

1. 正确地选择设备，避免设备的落伍和闲置

设备的闲置会严重地影响体育场馆的经济效益。体育场馆应该根据经营服务的需要，选择技术先进、经济合理的设备。同时，体育场馆要根据实际需要及时地解决设备落伍和闲置现象，以减少资金占用，提高体育场馆经济效益。

2. 保证设备经常处于良好的技术状态

这就要求体育场馆正确地使用设备，组织有关人员学习、研究器材装备运作的规律，灵活地采取各种维修方式，以提高设备的综合效率，建立良好的设备状况，保证体育场馆服务的正常运行。

3. 提高设备管理的经济效益

体育场馆要在保证设备良好运行状态的同时，加强设备的经济管理，降低设备管理各个环节的费用，达到使设备寿命周期费用最经济的目的，从而促使整个体育场馆经济效益的提高。

4. 保证体育场馆的技术进步

体育场馆的设备管理工作，应迎合体育场馆拓展新业务，改进现有服务水平，提高质量，以及安全、节能等要求，有计划地进行设备改造和更新，以便引进先进的体育技术装备，保证体育场馆拥有最新的装备，提供最前沿的运行项目，从而吸引广大顾客。

三、设备管理水平的考核指标

为了避免出现设备维修人员吃"大锅饭"的现象，并提高作业效

率，有必要制定一些指标对其进行考核。一般有以下几种指标。

①设备使用率；②设备完好率；③故障停机率；④维修费用率；⑤设备役龄及设备新度。

四、设备的购置

设备购置是多数体育场馆在添置设备时采用的主要方式。体育场馆在购置设备时，要对所需购置的设备从技术性和经济性两方面进行选择和评价。进行设备选择要从体育场馆长远服务、经营战略出发，根据实际需要，选择技术上先进、经济上合理、市场上需求的最优设备。

设备的技术性评价，主要从以下几个方面进行。

1. 服务性

指设备的使用效率，要能满足经营服务现状的要求。设备使用效率过低或过高都会影响设备的综合效率。

2. 可靠性

指设备在规定条件下，规定时间内完成规定功能的概率。设备丧失规定的功能称为故障。设备可靠性的高低，同样会影响设备的综合效率。

3. 维修性

指设备维护、保养和修理的难易程度。设备的维修性是选择设备的重要考量因素之一。选择易于维护、保养和修理的设备，配合良好的售后服务和配件、易损件供应，既可降低修理费用，又可减少设备故障停机时间，提高设备利用率。

4. 安全性

指设备对安全服务的保障能力，主要包括人身和设备安全两个方面。

5. 节约性

指设备节约资源的能力，主要包括设备节约能源和原材料资源两个方面。节约能源和材料资源，不仅可降低设备的寿命周期费用和产品的成本，而且有利于资源的合理利用和社会的可持续发展。

6. 适应性

又称为柔性，即设备适应不同环境、不同使用对象、开展不同项目运动的能力。目前，产品更新换代速度加快，产品市场寿命周期日趋缩短，要求场馆设备也应具有相应的适应性。

7. 耐用性

指设备应具有一定的自然寿命。设备的自然寿命过短，不利于设备的充分使用。同时也会影响设备折旧费的分摊和设备投资效益的提高。但这并不是说，设备的使用寿命越长越好。

8. 美感性

这是从外形的角度来研究设备对人的感觉所产生的综合特性。美感强的设备能吸引人的注意力，不易使人感到疲劳和压抑。美感性主要提倡外形美观、和谐、新颖，坚持以人为本的原则等。

应用以上评价要素在评价设备技术性时，要注意它们是相互联系、相互制约的。体育场馆在选择设备时，要统筹兼顾，全面权衡。当然，也应根据体育场馆的具体情况有所侧重。

五、设备使用的注意事项

设备的合理使用，是设备管理的重要内容，直接影响着设备的使用寿命和性能保持，进而影响体育场馆的经济效益。正确、合理地使用设备，可以减轻设备的磨损，较长时间内保持设备应有的性能，充分发挥其应有的效率。

体育器械无论是机械化或半机械化，其基本构造都离不开两种活动方式。一是固定部位：包括主体支撑柱、单向支架、座椅、座垫、躺板、杠杆、配重块及固定轴等。二是活动部位：包括滑轮、活动轴套、钢丝绳、滑动轨道、液压机杆、滚轮、链条、皮带、轴承弹簧、摩擦片

第六章 体育场馆的设备管理

和阻力器等。

在使用器械时应注意：

1. 应注意器械的生产厂家，熟悉器械的性能，并掌握器材的特点。
2. 注意器械的使用期限和保养维修方法。
3. 注意了解器械的一般构造和主要的功能以及易出现的问题，如滑轮的磨损、链条和钢丝绳的断裂、弹簧的失灵以及摩擦片摩擦的失灵等。
4. 注意存留零件的备用件，以备将来更换。

第二节 体育场馆设备系统及常规维护与保养

一、体育场馆的设备系统

体育场馆设备系统一般占体育场馆硬件总投资的 35%～40%，能源、运行和维护的费用占体育场馆支出比例较大。设备系统通常指体育场馆的给排水系统，供配电系统，供热系统，空调、制冷、通风系统，场地器材设备，消防报警系统，计算机及通信系统，音像系统，电梯系统及康乐休闲等设备。

体育场馆设备系统具有投资额度大，种类繁多；技术先进，维持费用高；体育场馆产品更新周期短等特点。

体育场馆设备系统有五个方面的作用。一是能提供给客人和员工一个舒适的服务和享受环境，获得客人及员工的满意是设备系统的基本功能；二是能确保一个合理的售价。体育场馆场地、门票的价格不仅取决于优质的服务，还取决于高质量的设施设备，两者完美的结合，才能以高价出售；三是符合当地法律法规，为客人提供安全的场所；四是关系到提升体育场馆形象和宾客的体验感；五是一些场馆设备对于其他设施设备的运营至关重要，它会影响体育场馆的整体工作效率。

体育场馆设备的发展趋势是向高新技术方向演进，其知识含量逐步提高；体育场馆设备越来越依赖于控制系统；体育场馆管理信息系统将得到普遍应用；并且设备的综合管理也正受到越来越多的重视。

二、设备修理与维修制度

当设备由于磨损、断裂、老化或腐蚀出现故障或技术状况劣化到某一临界状态时，为恢复其功能而进行的技术活动称为设备修理。由于设备修理往往要以设备的检查结果为依据而且在实际工作中又常与检查相结合，因此又称为设备检修。按功用不同，设备修理分为恢复性修理和改善性修理两种。通过更换或修复已经磨损、腐蚀或老化的零件，使设备的功能恢复，并延长其物质寿命，称为恢复性修理；改善性修理是对设备中故障率高的部位进行改进或改装，以降低或消除设备故障的可能性，提高设备的技术寿命和使用效能。通常所说的设备修理，大多指的是恢复性修理，它是恢复设备性能、保证设备正常运行的主要手段。

设备维修制度，是指在设备的维护保养、检查、修理过程中，实施以预防为主的一系列技术组织措施的总称。我国目前实行的设备维修制度主要是计划预修制和计划保修制两种。此外，起源于美国的预防维修制也受到我国的重视并得到了广泛的应用。

1. 计划预修制

计划预修制是我国工业体育场馆在 20 世纪 50 年代时从苏联引进并普遍推行的一种制度。这种制度是根据设备的一般磨损规律和技术状态，按预定修理周期及其结构，对设备进行维护、检查和修理，以保证设备长期处于良好技术状态的设备维修制度。计划预修制的主要内容有日常维护、定期检查和计划修理。体育场馆应针对不同的设备，根据不同的要求，正确选择不同的修理方法。

2. 计划保修制

计划保修制，是我国于 20 世纪 60 年代在总结了计划预修制的经验和教训后建立的一种专群结合、以防为主、防修结合的设备维修制度,取得了较好的效果,但是这种制度尚不够成熟,还有待总结和提高。所谓计划保修制,就是有计划地进行设备三级保养和大修理的体制和方法,即在搞好三级保养的同时有计划地进行大修。

3. 预防维修制

预防维修制起源于美国,它是以设备故障理论和规律为基础,将预防维修和生产维修相结合的综合维修制度。预防维修是从预防医学的观点出发,对设备的异常进行早期发现和早期诊断。预防维修制可有效减少故障次数,缩短修理时间。

三、设备维修计划

设备维修计划是体育场馆在计划期内维护和修理机器设备的计划,是体育场馆经营计划的重要组成部分;同时,也是体育场馆编制经营计划的依据之一。正确编制设备维修计划,可有效统筹安排设备维修时所需的人力、财力和物力,有利于做好维修前的准备工作,缩短修理停歇时间,节约修理费用,更好地保证体育场馆服务经营任务的完成。

设备维修计划按时间进度可分为长远计划、年度计划、季度计划和月度修理作业计划;按设备维修类别可分为设备大修计划、中修计划、小修(或定期保养)计划等。

第三节 体育场馆设备管理的要求

一、体育场馆设备管理的要求

(1)设施设备日常使用和维护保养,由主管和领班负责,实行"四定",即指定专人负责、定期清洁保养、定期检查达标、定点存放工具。非使用人员不得动用。

（2）每日营业前，领班或指定专人检查设备状况，做好调试，确保安全有效。营业结束前指定专人检查，按时关闭设备。

（3）高度重视设施、设备安全管理，由于每台设备都有各自的功能和使用规则，应针对设备各自的特点，建立一套严格的防护、检查、维护保养等措施。

（4）场馆员工必须严格遵守设备清洁和使用操作规程，做好机械设备、电器设备、输配电系统、上下水系统、空调系统、通风系统、电子计算机系统、消防系统、音响系统、通信系统的日常维护与保养，防止其损坏、失效，确保各种仪器设备正常使用。

（5）场馆设备发生故障，由领班填写《请修单》，紧急时可先电话通知，事后补交《请修单》，报工程部及时修理，避免耽误客人的健身需求。

（6）客人未听劝阻违反《宾客须知》有关规定，造成设备损坏，由领班按照场馆规定，请客人赔偿，并报告主管。

（7）本场馆的员工未遵守操作规程造成设备损坏，按照体育场馆规定赔偿。

（8）场馆内各种设施设备完好率达到98%以上，尽可能接近100%。客人对设施设备满意度达到95%以上，维修及时率100%，故障率不超过2%，设备投诉率低于2%。

二、附属设施设备管理标准

（1）卫生间墙面、地面、马桶、喷头、盥洗台、通风设备、地漏和玻璃镜等各种设备的材料选用、装饰规格、安装位置等符合要求，室内空气清新。各种设备齐全、完好、有效，客人使用方便、舒适。无任何事故发生。

（2）更衣室设在场地附近一定范围内，室内的衣柜衣架、座椅齐全、完好、有效，无破损、脱落，客人使用方便、舒适。

（3）观众区及休息区座椅、茶几等设备齐全、完好、有效、无松动、破旧、污迹，客人使用方便、舒适。

（4）体育场馆设置的沙发、座椅、圆桌、茶几等家具设备配备齐全，摆放整齐，无任何损坏和摇动，客人使用舒适安全。

（5）电器设备完好。彩色电视机开启方便，图像与文字清晰，表面洁净，无任何故障。各种音响设备齐全，音量控制自如，适应客人休闲的需要，无故障发生。

三、常见体育场馆设施设备的管理标准

除了上述体育场馆及附属设施设备管理的基本要求外，不同的体育场馆还有各自的特殊要求。以下将重点介绍几种常见的体育场馆设备管理要求。

1. 游泳场所

（1）游泳池。游泳池上水、放水设备齐全、有效，客人使用方便。池底、池边、浸脚消毒池、岸边休息区等各处表面装修美观，瓷砖铺设平整、坚固，且无脱落、无破损、无污迹、无积水。

（2）躺椅座椅。泳池的躺椅、座椅、太阳伞等设备齐全、完好，无松动、无破旧、无污迹，客人使用方便、舒适。

2. 健身房

（1）健身设施。健身房门窗材料与体育场馆相适应。安装完好，玻璃明亮无污迹和划痕。墙面平整无陈旧痕迹、掉皮、污渍。墙面镜子、钟表、温度计、湿度计、地面体重秤等设施齐全、完好，安装位置合理，客人使用舒适、方便。

（2）健身器械。跑步器、臂力器、爬坡器等设备数量充足。各种健身器械开关、计数、电子显示屏等配套设备齐全、完好、有效、表面整洁，转动装置紧固、润滑，无任何故障。各种健身器械摆放位置合理、疏密间隔适当，互不干扰，客人使用方便、舒适。

3. 溜冰场

溜冰场场地制作标准，冰面平整光滑，四周安全设施严密可靠，各项设备齐全，客人使用方便。观众区休息区等各处表面装修美观，地面瓷砖铺设平整、美观、无破损、无污迹。其设备和用品的配备要求如下：

(1) 溜冰场浇冰工具配备

溜冰场冰面保持光、净、平，做到冰质高、滑度好，有利于溜冰爱好者掌握溜冰技术。要想浇出理想的冰场，除应配备有良好浇冰技术的人员外，还应配置合乎规格、性能良好的浇冰工具。目前体育场馆溜冰场常用的浇冰工具有：

普通浇冰车：一般溜冰场普遍使用的一种简单、轻便的手工普通型浇冰车，这种浇冰车车底部为爬犁，上部由圆锥形储水桶和连接储水桶的洒水管等构成，桶装满水后约一吨重，在冰上工作起来很方便。

现代浇冰车：目前，国内各大型人工制冰速滑场都使用一种先进的现代浇冰车，这种浇冰车装有自动扫冰、刮冰、推雪、吸雪和储雪等装置。通常用10~15分钟就可以浇好一条标准速滑跑道。

(2) 普通浇冰所用的其他工具配备

长把扫帚。扫帚把长2~2.5米，扫帚头结实、轻便，不易掉竹条，扫冰时面积大、省工、省力。

推雪板。推雪板由铝合金或木板材料制成，把长约1.5米，使用起来较轻便、坚固、耐用。

冰铲。冰铲一般用较厚的铁板制成，主要用来铲除冻在冰面上的杂物和冰包。

点雪仪。点雪仪上部有储雪箱，底部有宽5厘米、高5厘米的漏口，由人工操纵，将雪点播在冰面上，形成规整的雪线标志。

此外，还应配备一些浇冰常用的小工具。例如，抹冰缝用的冰抹子、钳子、板子，还有解冰洒水用的热水壶或热水喷头。

(3) 溜冰场服装配备要求

一件舒适合体的服装对于溜冰健身者发挥良好技术起着重要的作用，服装应以不妨碍肩部、髋部、膝盖等部位的运动为准。运动者身着舒适、合体的服装，运动时心情愉快、动作舒展、技术流畅。通常溜冰运动所用的溜冰服装有三种类型。

保暖服。是能够保持适当体温和身体肌肉弹性的服装，它有助于运动者保持良好状态，发挥出色的技术水平。因此，在寒冷的溜冰环境中，运动者的肌体极需保暖。当今溜冰运动者所使用的保暖服是极轻便并便于更换的合体羽绒服。

练习服。为迎合平时训练、锻炼需要，身着保暖、便于更换的练习服装是重要的。运动者应根据个人特点选择适合的练习服装。

比赛服。是运动员比赛时专用服装。主要特点是可以减少空气阻力、弹性好，有利于运动员动作自如，较充分发挥出自己的技术水平。

另外，为了防止在寒冷气温下进行运动时手、脚、脸和耳等部位的冻伤，运动者还必须戴上冰帽、手套和鞋套，这些都是冰上运动的必备服装用品。

(4) 溜冰鞋配备要求

冰鞋是冰上运动最重要的器材装备之一，对提高溜冰技术至关重要。身着结实、合脚的冰鞋可使运动员更好地掌握溜冰技术。许多初学者都抱怨自己因踝关节太软而站立不稳，这很可能是其所穿冰鞋不合脚所致。

选择冰鞋时应确保鞋面结实柔软，冰鞋形状合脚且足够坚挺，穿鞋后足跟有坚实稳固感，没有多余的空间的同时也不挤脚。目前，溜冰运动者所使用的冰鞋有两个种类。

①传统冰鞋。传统冰鞋与速滑刀后刀托的托盘结合为一体。传统速滑刀由刀刃、刀管、前后刀托构成。

②新式冰鞋。新式冰鞋与冰刀的后刀托不是直接相连，而是在冰鞋

的前部安装了转动装置。运动员做蹬冰动作时，冰鞋可以围绕着连接冰刀的转动装置上下自由转动，并使刀抬离冰面时，冰刀由于冰鞋上装有弹性装置而自动还原，运动起来更方便，且无副作用。

4. 保龄球馆设施设备管理要求

（1）球道。保龄球球道采用高级木料，色彩自然，木纹清晰，表面光洁水平。球道长度、宽度达到正式比赛标准。

（2）自动计算器。木柄回收、摆数和计算器安装合理。木柄回收、摆数和计算准确无故障，使用方便。

（3）自动回收机。机器先进，开启自如，传送装置无障碍。回收快速准确、噪声低。

（4）全自动红外线对焦计分系统。系统先进，计算准确。

5. 台球厅设施设备管理要求

台球厅的球台规格达到比赛标准，表面光洁平稳。球袋完好，客人使用舒适、方便。球杆与球架配备齐全、完好，符合台球比赛要求。配套酒吧各种设备齐全、完好有效。

台球厅设备用品配备要求如下：

（1）球台。体育场馆台球厅的台球桌以英式斯诺克球台和美式落袋式球台为主，具体类型可根据需要制定。

（2）台球。国际上通用的台球运动用球主要有纸浆球、聚酯球和水晶球。纸浆球是用纸浆高压压制而成，这种球在使用中不受空气湿度影响，物理性能最稳定，但市场上很少见。水晶球质量很好，其性能接近纸浆球，是目前国际比赛中的标准用球。我国台球运动最常见的用球是高能聚酯球，特点是质量较好，价格较低，因此在体育场馆台球厅中很受欢迎。

（3）球杆。台球球杆通常都选用优质硬木制成。球杆长度一般为150厘米，重量400～600克。在台球运动中，还应配备加长球杆，以用于击打桌面上位置较远的球。

(4)存杆架和架杆。前者是存放球杆用的架子,后者是击打较远距离的球时使用的球杆支架。架杆分为短杆架、高杆架和探头架杆等多种。

(5)定位器。在打台球过程中,台球的表面经常被球杆杆头上的巧克粉或台面上的落尘等沾污,影响球的正常滚动,把球的表面擦拭干净后,再准确无误地放回原处,需要有一件给球固定原位的工具,即用透明的有机玻璃制作的定位器。定位器还用在打比赛时,通过分角线来对压在禁区界线上的台球做出正确判断。

(6)记分牌和记分表格。是比赛常用的记分设备和用品。

(7)巧克粉和扑手粉。巧克粉也被称为翘粉,是用来擦抹杆头上的涩粉。扑手粉是用来擦搓球员左手的滑粉。

(8)其他设备。台球厅还应摆放适量的高脚靠背椅,供运动者或旁观者使用,也可摆放沙发和茶几。还可设置吧台、库房和卫生间。

6. 网球场

(1)网球场。球场规格符合标准。场地平整。场内划线准确、清晰、使用方便。球网高度准确,无破损。

(2)网球拍。球拍规格符合正式比赛要求,齐全、完好、无破损。

7. 乒乓球室

(1)乒乓球台。长、宽、高规格达到比赛要求。球台安装摆设位置适当,表面平整光洁、无划痕,球台稳固,球网完好。

(2)运动场所。两个球台之间距离适当,互不干扰。球台四周运动场所面积适当,地面平整,有防滑措施。无任何障碍物,客人使用方便安全。

8. 桑拿浴室

墙面、地面平整、光洁,防潮、防漏效果良好。下水道与地漏畅通无阻。水管、喷头、盥洗台、水龙头等设施及各种开关齐全、完好、有效,表面光洁、无污迹,客人使用方便、舒适,开启自如无故障。桑拿浴房墙面防火、防潮、耐高温，房内木质躺椅、桑拿炉开关、木桶、木勺、沙漏计时器、温度计、湿度计等设备齐全、完好、有效。

各功能区域的设施设备配备和日常管理，必须达到以下标准：

(1) 接待区。服务台、收款台、存鞋处、沙发、茶几等齐全完好有效。

(2) 更衣室区。分为男部和女部，有独立的小更衣间、更衣柜和换衣凳等。

(3) 桑拿浴区。分为男部和女部，各自设置桑拿浴房、蒸汽浴房、光波浴房、再生浴房、淋浴间、热水按摩池、温水按摩池、冰水按摩池、药浴池、盥洗台、卫生间等服务设施，此外小圆餐桌和塑料扶手椅等配套设施一应俱全。

(4) 搓澡区的长凳和坐凳等牢固、舒适。

(5) 休息区休息大厅内的彩色电视机、音响、坐躺两用式沙发、茶几、脚凳等配套设施齐全有效。

(6) 休闲酒吧区应配备自助餐台、餐桌、餐椅等服务设备。

9. 按摩室

(1) 按摩设备。根据不同种类的按摩项目配备需要的各种设备。

(2) 按摩床。规格型号符合按摩要求，安放稳固，客人使用舒适、方便。

(3) 按摩室。沙发、座椅柔软、舒适、稳固，客人使用方便。电视柜、体重秤等设备齐全、完好、有效。彩色电视机播放图像清晰、颜色效果和音响效果良好、调试控制完好、自如。卫生间设备和服务用品配备齐全。

第七章 体育场馆配套设施的设置与管理

第一节 体育场馆配套设施的设置

一、配套设施在体育场馆中的地位和作用

1. 体育场馆业务经营的重要组成部分

体育场馆行业是一种综合性强、横断面宽的服务行业。除体育场馆本体项目运营外,商品销售、各种娱乐项目等也是其业务内容的重要组成部分。如果一家体育场馆只能提供简单的场地健身服务,而没有其他服务项目,就缺乏成为现代化体育场馆的必要条件。只有那些设备先进、环境优美,能够同时提供购物、娱乐、休闲、餐饮等优质服务的体育场馆,才是现代化的体育场馆。为此,体育场馆必须根据其接待能力、目标市场的客源对象及当地市场环境和需求预测来进行商品经营规划,合理设置康体娱乐类服务项目的数量、规模、接待上限等,只有如此才能保证体育场馆经营管理获得成功。

2. 招徕客源增加体育场馆经济收入的重要途径

体育场馆开设商品经营和各种娱乐休闲服务项目,能扩大业务经营范围、稳定地招徕更多客源、增加经济收入。随着国民经济的快速发展和人们生活水平、消费能力的普遍提高,体育场馆配套设施条件的完善、休闲娱乐项目的配套,已经成为体育场馆提高自己的档次、稳定和更广泛地招徕客源、增加经济收入的重要途径。不少体育场馆的商品和休闲娱乐类项目的收入占到体育场馆总销售额的20％～30％以上,成为体育场馆经济收入的重要来源之一。

3. 满足客人购物及休闲娱乐需求，突出体育场馆经营特色的重要条件

体育场馆配套设施可以满足客人购买商品、休闲娱乐等各种消费需求，进而达到增加愉悦客人心情、增强社会交流的作用。这些也是满足客人正常消遣娱乐需求、凸显体育场馆经营特色的重要条件。如果一家体育场馆只有场地类基本服务，那它就是基本没有特色的体育场馆，只有那些场地设施设备先进、环境美观舒适和配套设施比较齐全的体育场馆才能形成和彰显自己的经营特色，提高体育场馆档次，形成良好的市场声誉，吸引客人，增加经济收入。所以，配套设施的完善程度是满足客人正常休闲娱乐需求、突出体育场馆经营特色的重要条件。

二、配套设施的设置原则

1. 科学合理的原则

体育场馆各种配套设施在空间面积、设备配备、室内温度和湿度等各项相关指标方面都具有明确的规格标准和严格、科学的要求。只有达到这些标准，才能使各配套设施发挥出最佳的功能，使其主体经营项目达到理想经营效果，使客人在娱乐休闲消费过程中满足各种心理需求和达到生理享受。各种配套设施的科学合理设置将使体育场馆在客源市场中更具有吸引力和竞争力。

2. 先进适用的原则

各种配套设施的设置和建造不同程度地采用了当代先进科学的技术和工艺，从而提升了体育场馆的外观和使用功能的品质。体育场馆在设置各种配套设施时，应考虑本部门设置的规模、目标市场、服务宗旨和经营方针等因素，以确定各种配套设施及设备的档次与水平，使各种配套设施与其主体经营相适应，从而提高整个体育场馆在客源市场上的吸引力和市场竞争力。

3. 服务齐全突出特色的原则

为使客人充分享受体育场馆所带来的全方位高质量的服务，体育场

第七章 体育场馆配套设施的设置与管理

馆设置可以建造各种配套设施，包括餐厅、更衣室、存鞋处、淋浴间、卫生间、观众区、休息区、食品超市、体育商品部、停车场、服务台、收款处、办公室、会议室、员工休息室、空气调节机房、机电房、洗衣房、储物室等设施。

与此同时，各种配套设施与其相应的配套设备在品种、规格、型号和档次上都有多种类型，因此在具体建造、采购时，要进行可行性研究，选择独具特色的设施设备。只有先进、新颖、能对客人有强烈吸引力的项目才能在客源市场上抢占一席之地。

4. 和谐匹配的原则

各种配套设施的数量和质量应与体育场馆和谐匹配，充分发挥其最佳作用。如游泳中心应设置更衣室、淋浴间、卫生间、休息区、休闲酒吧等配套服务设施；健身房应配备具备各种功能的健身器械、酒吧、淋浴间、卫生间、休息区等配套服务设施等。在配套服务设施和设备配备上，一定要突出和谐性与匹配性，质量与档次一致。各种配套服务设施的外观和应用效果应使客人心情感到愉快和舒畅，心里感到安全卫生和舒适，切实从中体验到娱乐、健身和休闲的享受目的。

三、配套设施设置注意事项

1. 等级性与经济性相结合

各种配套设施及设备应与体育场馆的档次、品位相适应。等级过低会影响客人的消费心理，等级过高会产生不必要的资源浪费，达不到应有的经济效益。

2. 针对性与成套性相结合

针对性是指配套设施及设备的风格、取向应与体育场馆的整体观赏效果和使用效果相一致。成套性与针对性紧密相连，要求品牌、形状、质地、风格完全相同或绝对接近，在服务用品的提供上要求确保供应充足，保证客人使用愉快。

3. 节能性与方便性相结合

节能性是指在相同品牌、质地、风格的前提下，确保客人舒适、愉快的同时，力求降低水、电等能源消耗，选择易修理、易使用的设备以便控制成本开支。配套设施的方便性涵盖比较广泛，主要应针对客人使用而言，一是指客人从事某种活动项目比较容易；二是指照顾到客人感受的个性化需求；三是尊重客人的隐私；四是能实现客人多方面的需求；五是指供客人直接使用的设备应尽量避免过多的专业知识。

4. 安全性与环保性相结合

配套设施的安全性尤为重要，其主要目的是防止各种自然事故的发生，如烫伤、电伤、刺伤、碰伤、跌伤、夹伤、溺水、晕倒、失火、失盗、食物中毒等。环保性同样很重要，不符合环保要求的设施、设备和物品同样会对客人造成身心的伤害，并且这种伤害更持久、危害性更大。因此，体育场馆要严格加强对配套设施设计、采购、验收等工作的监管和提示客人正确使用设备的管理，始终将"安全是体育场馆工作的生命线"这一重要理念贯彻落实到配套设施设置的具体工作中。

第二节 体育场馆配套设施的设置方法

一、配套设施的设置程序

（1）确定配套设施设置的目标；
（2）做好经济、技术指标咨询和分析；
（3）制订设施建设设计方案和相关设备购置计划；
（4）做好设施的调试和设备的验收工作。

二、各体育场馆主要配套设施的设置

（1）游泳池和健身房：可以设置共用的更衣室、淋浴间、卫生间、酒吧、食品超市、体育用品店、休息区等。

(2) 保龄球馆：可设卫生间、淋浴间、酒吧、饮料库房、观众席及休息区、服务台、公用鞋存放柜、公用球存放柜、工作人员物品存放柜、食品超市、保龄球精品超市、修球打孔设备、保龄球机械维修库房、员工更衣间、清洁用品存放处、球道打磨机及落油存放处等。

(3) 台球厅、壁球室、乒乓球室和网球场：可设共同使用的酒吧、更衣室、卫生间、淋浴间、观众区等。

(4) 高尔夫球场：可设会馆、停车场、更衣室、卫生间、淋浴间、培训中心、酒吧、食品超市、体育用品超市、租鞋处、卫生间、观众区及休息区等。

(5) 溜冰场：可设酒吧、食品超市、体育用品店、租鞋处、卫生间、观众区及休息区等。

(6) 游泳馆：可设桑拿浴和按摩室，包括更衣室、淋浴室、按摩池、卫生间、休息大厅和休闲酒吧等。

三、各种配套服务设施的设置方法

1. 酒吧设置

酒吧的经营有三方面特点。一是规模小，设置分散，环境要求美观舒适，服务要热情、细致、亲切对客人有吸引力。二是销售单位小，随机性强，杯装为主要形式。三是毛利高、控制难度大。

酒吧经营的品类（主要在于烈性酒提供与否）、经营与服务的比重因体育场馆的不同而有所区别。比较全面的柜台设置方法如下：

(1) 柜台设置

酒吧设在体育场馆的入口处靠墙的一侧或适当位置，如果体育场馆空间较大，也可将酒吧设置在四面临空处。但需要注意的是：①设置在离客人进出较近、站在柜台内能够环视整个场所的部位，便于照顾全局和吸引客人消费。②柜台某一边离酒吧进货口较近，便于及时上货而又不影响客人消费。③柜台前面应有足够的空间面积设置吧凳，便于客人和服务员取用饮料。

(2) 柜台区布局

由吧台（含高台与操作台）、活动操作区与酒水储藏陈列区三部分组成。操作台与吧台连接在一起合成为柜台，但比吧台低 40～50 厘米，供服务员调酒、配酒使用；活动操作区是吧台与储藏区陈列区之间的一个活动空间，供服务员操作、走动之用；酒水储藏陈列区设在活动操作区后面。三个区域呈均衡递进式布局，应布局合理、面积分配适当，设施设备配套齐全。

(3) 柜台设计尺寸标准

吧台。高度 120～125 厘米，宽 70～76 厘米，厚 40～50 厘米。长度根据酒吧座位多少确定。一般按照一名服务员负责 3 米的吧台而确定总长度。

吧凳。高 85～90 厘米。

与吧台直接相连的操作台。高 85～90 厘米，宽 65～70 厘米，操作台配备调酒、出酒、洗涤用品等设备。

活动操作区，即服务员工作通道。宽不低于 95～100 厘米，长度与吧台基本相等。陈列柜下面可设橱柜、冷藏柜等设备。

(4) 酒吧设备设置

前吧设备配置：洗涤槽、水池、贮冰盒、食物配料盘、啤酒配出盘、饮料配出盘、酒瓶架、酒杯架、收款机。后台陈储设备：酒水陈列柜、酒瓶储藏柜、酒水冷藏柜、饮料配料与食物冷藏柜、制冰机。

(5) 酒吧桌椅摆放

客人饮酒区以小圆桌、小方桌为主，高档酒吧可设沙发、茶几。

(6) 酒吧常用酒杯

汤姆·柯林斯杯、白兰地杯、鸡尾酒杯、高飞酒杯、甜酒杯、香槟杯、室利酒杯、古典式杯、威士忌酒杯、葡萄酒杯、啤酒杯、彩虹杯等。

(7) 酒吧用具

配备调酒用具、加工用具、开瓶与调味用具三大类酒吧用具。

(8) 酒吧常用配料

饰物类配料、调汁调味类配料和调味类配料三种。

2. 更衣室设置

更衣室由男更衣室和女更衣室组成，是为客人进入游泳池、健身房等场所前进行更衣所准备的。较高档次的更衣室往往被分割建造成若干独立的自成一体的小更衣间，更衣室和更衣间内都以带锁更衣柜为主要设备，更衣柜内设挂衣钩、鞋架及坐凳。更衣间和更衣柜设置的数量应与经营项目的接待能力相适应。

3. 淋浴间设置

淋浴间往往与盥洗台结合成一体为客人提供个人清洁服务，帮助他们做好进入游泳池、健身房等场所的准备工作。淋浴间各间隔开，挂浴帘，配冷热双温水，提供浴液、洗发液等。盥洗台设洗手池、洗脸池，提供洗手液。设横镜、固定式吹风机、干手器、插花棒、梳子、刮胡刀等。近年来自动淋浴器、按摩花洒已经逐步引入到体育场馆，最新设备还有全身按摩器及刺激人体皮肤的冷热水花洒淋浴器等。淋浴间水力要足够，国外淋浴间多设单手控温龙头或加设时间槽或采用脚踏开关以节省水资源。淋浴龙头的装置不可太低，一般离地 2 米，并可考虑设置挡门。设置淋浴间还要注意排水系统的畅通，地面必须有防滑设施。

淋浴间的数量设置应以日预计客流量为参考基数，如每个淋浴间每天使用的人数为 50～100 人，淋浴喷头的总数约为总客人数的 1%～2%。

4. 卫生间设置

卫生间大小规格有很大差别。客源流量较大的场所卫生间设置要相应大一些，人员流动性相对较小的场馆，卫生间设置也相对小一些。卫生间装修应与体育场馆相适应，地面、墙面满铺瓷砖，提供洗手液、电动烘干器、马桶和垃圾桶。

5. 休息区设置

为提升客人体验感，体育场馆应该建立一个面积较大的休息大厅，其空间要求较高，空气要流通、灯光要柔和，给客人提供一个安静、高雅、清新、舒适的享受空间。休息大厅内应配备坐躺两用沙发、茶几和脚凳。客人在休息大厅还可预约各种服务。

休息区应设置食品饮料销售服务区或自动售货机，为客人提供健康饮料、营养补品和食品。还应提供与服务项目相关的书报杂志，如健美书刊、体育健身娱乐杂志、体育报、娱乐休闲杂志和音像制品等等。还应提供符合饮用标准的饮用水和一次性水杯。

6. 按摩池设置

游泳、健身场所的淋浴间可设按摩池。水压按摩浴池集按摩与洗浴双重功效于一体，在浴池内设置多个漩涡式高压喷射龙头，使身体各个部位都能得到适当的水力按摩，进而促进血液循环，缓解运动疲劳。水压按摩池应设置三种不同温度的水池，即热水池、温水池和冰水池。各种按摩池的数量要与淋浴房的总数量保持一致。

7. 桑拿浴设置

桑拿浴区是客人享受保健护理的主要场所，主要包括桑拿浴房、蒸气浴房、光波浴房、再生浴房等。这些场所要求空间高、光线明亮、空气交换量大。

8. 食品超市与体育用品店

食品超市与体育用品店主要为方便客人采购饮料、小食品或体育用品，体育用品店要提供客人在现场运动时能使用的服装、用具、用品等。食品超市或用品店的收款台支持磁卡或现金付费。

四、体育场馆商品部的设计

体育场馆商品部设计主要是运用环境艺术和装饰布置的专业知识对商场环境做艺术处理，其主要内容和处理方法是：

1. 做好商场空间分割

体育场馆商品部的空间大小各异。大型商品部可以创建不同的、既互相分割又互相联系的商品屋，或富于变化的商场空间分割体，分别销售不同的商品。为此，营业场所的空间分割方法主要是在商场内部采用隔断、漏窗、围场、通透玻璃或矮墙等方式，将商场分割成不同的小型空间，每个空间再给予不同的装饰来美化环境，销售不同的商品，从而形成一个具有完整布局的系列商品销售空间。小型商品部可以不用再分割，而是用柜台、货架来隔挡，形成小型空间布局，促进商品销售。

2. 合理利用商场面积

体育场馆商场面积是由挑选购物面积、商品柜台面积、服务收款面积三部分组成的。做好商品部设计，要合理分配这三部分面积的比例。面积利用的基本要求是从方便客人、有利陈列展示商品，促进销售的原则出发，事先做好设计安排，能够合理利用面积，减少浪费，有效促进商品销售。

3. 突出商品陈列特点

商品陈列是促进客人消费的重要手段。每一个柜台、货架和橱窗的商品陈列都要经过精心设计，在商品摆放位置、陈列顺序、客人购买习惯和商品销售的连带性以及色彩、灯光调配等各个方面充分展示体育场馆商品部的经营特点，做到鲜明、协调、美观、醒目，能够对客人产生较强的吸引力，有利于扩大销售。

4. 做好商场环境美化

体育场馆商品部的营业环境必须与体育场馆相适应，其环境也要经过精心设计。除柜台、货架、橱窗商品陈列必须体现经营特点，做到美观、鲜明、协调外，商场的边角或适当部位应摆放盆栽或盆景，墙面应适当增设字画，各种设施、设备要摆放得体，处处要展现出美观、典雅、舒适、方便的购物环境，给客人留下深刻的印象，使他们乐意前来消费。

5. 突出空间构图形象

体育场馆商品部的空间构图形象重点要放在以下四个方面：一是天花板要精心装饰，色彩要鲜明，灯具要美观舒适、灯光亮度适宜；二是墙面要整洁美观，字画、条幅或装饰物要安装得当；三是柜台、货架摆放要整齐、规范，商品陈列与展示要有艺术性和时代气息；四是橱窗商品陈列要位置适当，灯光色彩鲜艳。整个商场的空间构图形象要做到富于变化，凸显商品特色，自然引导客人流向，使客人购物舒适方便，进而能产生强烈的形象吸引力。

第三节 体育场馆配套设施的经营方式

一、体育场馆配套设施的具体项目和经营方式

各体育场馆配套设施的具体项目和经营方式不完全相同。主要有以下四种：

1. 部门独立经营方式

这种方式是在体育场馆内部设置与场地部、开放部、后勤部等平行的康乐部（或称娱乐部、服务部等），形成相对独立的休闲娱乐经营部门。康乐部在体育场馆统一领导下，独立或半独立开展业务经营活动，完成体育场馆下达的营业指标，享受体育场馆给予的福利与工资待遇。

2. 部门承包经营方式

这种方式是由康乐部经理同体育场馆签订一定时期的内部承包经营合同或协议，承包人按照合同或协议规定的权、责、利要求开展业务经营活动。其合同内容主要包括以下五项：一是承包经营的项目和业务范围；二是承包经营期限；三是规定承包人应定期交纳的承包费用和风险抵押金及其交纳期限；四是体育场馆和承包人双方享有的权利、承担的义务和责任以及对双方进行监督管理的办法；五是承包合同的变更和终止方式及责任等。

3. 外包租赁经营方式

这种方式是体育场馆将配套设施设备、营业场所整体或部分租给外包单位，双方签订租赁承包经营合同，体育场馆按合同收取租金，外包租赁单位则独立负责其所承包的各项经营管理工作，并按合同规定按时

向体育场馆交纳租金和承包经营费用。

采用外包租赁经营方式重点要注意三方面的问题。一是租赁承包单位的选择。一定要选择那些信誉高、资金实力较强、熟知休闲娱乐管理、有很强的客源组织和经营管理能力的公司或单位。二是租赁承包经营合同的签订。其租赁合同的内容一定要条理清楚、内容准确，便于监管；便于租金与承包费用收取。具体内容则与部门承包合同基本相同。三是租赁单位在业务经营过程中与体育场馆经营关系的处理。主要包括水电燃料的费用处理、营业安全处理、可能的纠纷处理等。

4. 项目依附经营方式

这种方式适用于配套经营项目很少，规模也很小，难以单独成立一个部门的情况，因此只能完备单独的一个或几个项目设施然后将这些项目划归场地部，采用依附经营方式。这种方式实际上没有独立的服务部门，只有单个的商品部、食品柜台等。而这些单个的服务项目，可以划归场地部。如网球场设置冰柜，只给客人提供饮料，划归场地部管理即可。这就是项目依附经营方式，它只适用于那些配套设施很少、以场地租赁为主的体育场馆。

二、体育场馆商品部的经营方式

体育场馆商品部的经营方式以柜台零售为主。体育场馆规模的不同决定了商场面积、商品部布局、商品经营种类、商品档次的不同，其具体经营方式主要有以下几种：

1. 柜台陈列式

用柜台将顾客和营业员隔开，商品陈列在柜台内和货架上。客人挑选商品需要通过营业员传递完成商品交易。这种方式的优点是可以保证商品安全，不易丢失和污损，有利于营业员充分介绍和展示商品，帮助客人挑选，提供优质服务。缺点是不够方便客人、营业员需求较多、营业员工作量较大。因此，主要适用于零星小件、贵重物品等商品的销售。

采用柜台陈列式销售商品,要注意三个问题:一是柜台设置。商品柜台一般高1.2米,长2~3米,宽0.8米左右。大多设置在商场靠墙面、边角处。商品摆放要整齐美观,以便客人挑选商品。二是柜台陈列面积分割。其基本要求是:柜台前面的客人活动空间占50%左右,柜台面积占20%~25%左右。柜台后的货架占20%左右,营业员通道面积占10%左右。这种比例能够做到布局合理、摆放美观、有利销售。三是柜台商品陈列。要做到分类清晰、摆放整齐、照明充足、美观大方。

2. 敞开陈列式

将商品陈列在敞开的柜台及货架上或挂在墙上,客人可以自由进入柜台、货台,在走动中观看、挑选商品。营业员和客人在同一销售场地完成商品交易。这种方式根据其开放程度的不同,又可分为敞开和半敞开两种方式。采用敞开陈列式经营的优点是便于客人挑选购买商品、增加营业面积、减少人员使用、提高工作效率。缺点是容易造成商品污损和丢失,安全性差一些。因此,主要适用于对大件、较重、不易传递、挑选性较强、品种复杂的商品进行销售时采用。

采用敞开陈列式经营商品要注意两个问题:一是柜台与货架摆放。要集中摆放,摆放整齐,富于变化,充分利用营业面积,方便营业员上货、陈列,方便客人任意走动观看与挑选商品。二是客人通道处理。通道宽度不应少于1.5~2米。进口和出口必须分开。收款处要方便客人,容易控制,有利于保护商品安全。

3. 自选式商场

是敞开式经营的一种特殊方式,主要适用于大中型以上的体育场馆,其商场面积较大的商品部。也是将商品陈列在敞开的柜台货架上,客人可以自由进入挑选商品。在商场出口处则集中设置收款检验台。店员负责商品检查及收款。

采用自选式商场经营方式要注意三个问题:一是商场入口处设置。要配备客人包箱寄存处。提供商品小推车或提篮供客人使用。并始终保持门口环境整齐、洁净。二是售货人员设置。主要分为收款员、巡视上货人员两种。收款员要熟悉所有商品种类、价格以及收款机使用技能等。巡视人员要适时通知上货,做好上架、上柜商品的包装和日常安全巡视工作。三是商品包装。所有陈列上架的商品都必须有美观完整的包装,并标明商品名称、规格、型号、厂家、价格等信息。

4. 零售兼批发方式

在零售为主的基础上同时兼营商品批发业务,将商品以批发价格出售给其他单位或客户,这种方式主要是用于大中型体育场馆所办的商品贸易公司。他们既在体育场馆商场设置商品柜台、货架,开展零售业务,又兼营批发业务。

采用这种经营方式,要注意两个问题:一是商品批发业务要取得合法经营权,建立自己的客户销售网络。二是在商品经营中要坚持"以销定进,减低库存"。将商品零售和批发结合起来,尽量减少库存和资金占用,加快商品流转,才能提高经济效益。

第四节 健身房及配套设施的设置

健身房集体操、举重、自行车、攀登等运动项目于一体,具有显著的健身功能,在经营性体育场所中以健身房最为普及,深受群众的喜爱。因此有必要对健身房及其配套设施进行专门的分析与研究。

一、健身房的活动区域

健身房的面积设计应根据健身设备的多少以及各配套设施的实际需要而定。健身器械之间要有足够的供客人活动的空间。健身房的室温应保持在18℃~20℃左右。室内相对湿度应保持在50%~60%左右。健身房内照明充足,通风换气系统较好。健身房宾客的活动线路必须清晰并且有足够的空间。一般而言,健身房应分隔成下列几个不同区域:

1. 伸展区

在健身中心进入口处设伸展区，给来宾做健身前的体能舒展之用。

2. 器材健身室

各种运动器材本身具有增进体能，激发意志的作用，用各种不同的器材分别训练身体各部分的肌肉，使之得到均衡的锻炼。健身器材又分为心肺训练和肌力训练两大类。

①心肺训练器材：包括脚踏车、跑步机、划船器及阶梯器等。

②肌力训练器材：包括手臂推举机、屈腿重力机、仰卧起坐器、蝴蝶机、哑铃、胸颈推举机、腰部旋转机、肩背训练机等。

3. 有氧韵律室

室内宽敞明亮，地板有弹性，周围墙身装有玻璃镜，活动包括有氧舞蹈、地板运动、伸展运动、韵律操等，运动设计以提升柔软度为主，使人在音乐的节奏中，舒展身体各部位。

4. 休息活动室

一般健身中心除提供健身器材和健身活动指导外，还提供桑拿浴室、日光浴室、按摩室、护肤室、健康吧、冷饮店，有些还设有健康咨询室等休息活动场所。

5. 体能测试中心

一个完善的健身中心，都必须有体能测试设备，以便客人在运动前，检验一下自己的体质，并据自身情况设置适合的运动程序及难度。体能测试中心的仪器有：身体成分测试仪、肺功能测试仪、心脏功能测试仪、身体柔软度测试仪、肌肉力量测试仪、血压测量器和身高及体重量度器等，并应设小型电脑记录客人的活动及编印报告表。

二、健身房的配套设施

（1）配有配套体重秤。

（2）四周墙面适当位置挂立镜，最好配有山水风光画，使运动者仿佛置身于自然环境中，并配有使用健身器材的文字说明和光盘。

（3）健身房旁边要有与接待能力、档次相匹配的男、女更衣室、淋浴室和卫生间。

①更衣室配备更衣柜、挂衣钩、衣架、鞋架与长凳。

②淋浴室各间互相隔离，配冷热双温水喷头、浴帘。

③卫生间配隔离式抽水马桶、挂斗式便池、盥洗台、镜子及固定式吹风机等卫生设备。

④各配套设施墙面、地面均满铺瓷砖或大理石，有防滑措施。

⑤布局做到美观、整洁、舒适、合理，空气新鲜。

（4）健身房内设饮水处。饮用水应符合国家卫生标准。

三、健身房的健身设备

健身房设备的优劣直接影响体育场馆在客人心目中的形象和企业经营目标的实现。健身房的设备较多，健身房的5个功能区域都有自己相应的设施设备，而且这些设备的品种、规格、型号、档次等各不相同。因此，应根据客人健身的需要添加心肺功能训练、体能训练、体能测试项目等方面的设备。

1. 心肺功能训练设备

心肺功能训练设备以锻炼、提高心肺功能为目的，一般分自行车、跑步机两大类。

2. 力量训练设备

力量训练设备的主要功能是帮助训练者减少脂肪，使身体变得更加健壮、体型变得更加优美。力量训练是任何标准健身房不可缺少的项目，它与心肺功能训练相互配合，相辅相成。力量训练设备种类很多，有独立式和综合式之分。综合功能设备有超时空力量训练设备、多功能综合力量训练设备、量子力量训练设备等。独立式力量训练设备的种类、规格和型号都很多，常见的有：卧式奥林匹克举重椅、背肌伸展练习器、蝴蝶式胸肌练习器、坐式胸肌推举练习器、高拉力背肌练习器、蹬腿练习器、坐式腹肌练习器、可调校高低拉力练习器、肩头推举练习器、前腿伸展器、可调校腹肌练习椅、后腿练习器、二头肌练习器、背肌伸展练习器、三头肌练习器、多功能上斜练习器、坐式后腿部练习器、力量辅助上身练习器、卧式胸肌推举练习器、背肌练习器等。

3. 体能测试设备

体能测试仪器是任何标准健身中心都不可缺少的配套设备。任何运动开始前，都应该先进行系统体能测试，以便更有效率地制定运动训练计划，避免不必要的损伤。高科技体能测试仪器，能准确评估体能，使运动训练安全而有效。

体能测试仪器主要包括：

（1）血压仪。电子血压量度器。

（2）体能量度尺。测量体型的标准板，能提供专业准确的分析。

（3）身体柔软度量度器。测量人体的柔软弹性，运动前测试，可避免运动训练时意外受伤。

（4）肺功能分析仪。测量各种肺排气量，配合电脑科技进行分析，准确可靠。

（5）皮层脂肪量度仪。测量人体表皮下层脂肪量。

（6）心率、血压及重量仪器组合。测试心率、血压及重量，提供比较表，使用方便。

（7）电脑脂肪测量仪。利用先进的科技，快而准确地分析体内脂肪、水分及肌肉分布，可印制健身报告表。

（8）电子心率显示仪。独立的胸部感应带能传送心率至腕表，并备有警号通知，显示清晰。

第八章 体育场馆大型赛事的运营

第一节 体育赛事的总体计划

一、体育赛事总体计划的含义与作用

计划，既是管理四大职能之一，也是一种重要的管理工具。计划既包括确定特定组织的目标，也包括达到目标的方法。

对于体育场馆而言，体育赛事总体计划就是定义体育赛事运作管理的目标，并明确实现该目标的具体方法和途径。制订体育赛事总体计划是体育场馆筹备组织工作的基础，是赛事筹备组织之初就需要做的工作，是制订赛事各项工作方案的重要依据。整体计划是在一定的环境约束条件下，对体育场馆所拥有的资源进行挖掘、分析、整合，然后包装的专业技术工作。

体育赛事总体计划的重要性在于：更清晰地了解、描述选择或申办这项赛事的原因；准确地定义、规定这项赛事需要达到的目标或者实现的目的；引导和监控赛事运作管理的方向；规范赛事运作管理各部门和工作人员的行为，形成团队意识；预见和防范赛事运作风险等。严谨、科学的赛事总体计划也将为体育场馆收获更多可信度、更强公信力、更高美誉度及影响力。

体育赛事计划十分重要，因此体育场馆在筹办赛事前，应制订出与赛事战略相符的总体计划。关于何时制订体育赛事总体计划没有固定的答案，随赛事具体情况和计划制订主体需求的变化而有所不同。

有很多与体育赛事有关的计算机软件包可用于项目管理、财政和资

料分析、制作图表、场地安排及比赛日程制定。同时，应该认识到，体育赛事计划并非一经制定就固定不变，它应该是动态的，是不断适应变化的环境因素的。

二、体育赛事总体计划的制订

1. 总体计划的主要内容

总体计划的内容主要包括赛事的名称及组织机构的表述，赛事的背景与"亮点"的设置与描述，主题与指导思想的表述，赛事内容、规模与安排的表述，赛事资源与取得资源方法的表述，整个体育赛事中的大型活动、主题活动、相关活动的表述和其他表述等等。

2. 制订总体计划的工作流程

总体计划是一项专业技术工作，要由专业技术人员与组织大型体育活动的专家共同完成。首先要由负责调查分析、统计、平面设计、方案设计、活动策划的人员与体育专家组成总体计划工作小组，部分工作可委托给专业公司完成，借鉴别人先进经验与教训是节省人力与其他资源的有效方法。同时要注意吸收赛事的利益相关人参与，如供应商、赞助商、工作人员、志愿者领导以及政府官员等。除了人员配备，总体计划需要配置电脑、打印机等办公设备。

在负责制订总体计划的人员到位后，首先要进行的是调查与分析，主要包括政府意志与行为调查分析，亮点分析，当地的社会、经济、文化、教育、生活状况、交通等城市功能和气候等因素调查与分析，赛事主题分析及企业理念与赛事主题整合调查分析，各项竞赛组织及主题活动组织的可行性分析，赛事出席领导的活动内容与日程排期及相关因素分析，赛事人力资源调查分析，赛事的财务状况分析，其他相关调查分析等。

在调查研究和综合分析的基础上对赛事进行定位。定位主要是依据党和政府的方针、政策、决策的研究与活动结合，对提升赛事规格的定位，对赛事关注度、影响度的定位，对达到赛事经济效益和社会效益的定位,对赛事筹备组织工作中的各个环节的定位,对赛事中的各项重大活动主题的定位,对赛事的组织机构与人员的组成定位,等等。

对赛事进行定位后需要进行初步论证,主要包括总体计划工作小组内部论证、所涉及的相关部门领导讨论与论证、高一级领导论证、筹委会办公会讨论与论证等。初步论证后即可拟订总体计划的整体结构,即总体计划提纲。进一步讨论分析后,制订出详尽的赛事总体计划,并交由专家论证,体育场馆领导、赛事主办单位领导审核,根据他们的意见和建议进行修订,最后确定总体计划。

综上所述,体育赛事有不同的类别与特点,政府机构或者非政府机构可以根据自身的实际情况与需求对赛事进行选择,而后决定是否申办某项赛事。在获得承办权但还未筹办体育赛事前,首先应制订出赛事总体计划,在总体计划的基础上成立或者调整组织机构,拟订具体工作方案并实施。按照"选择—申办—总体计划—组成或者调整组织机构—总体工作方案—成立部门机构分项工作方案—实施执行"这样一个工作流程逐步展开工作,有助于高效率、高效益完成体育赛事运作管理。

3. 制订总体计划的几个要点

(1) 赛事总体计划拟订的目标要明确。目标是总体计划各部分内容的基准和统领。没有目标或者目标含糊其词,将使总体计划无的放矢、沦于形式,甚至是一盘散沙、自相矛盾。目标明确则有助于总体计划逻辑清晰,内容紧凑。以获得2008年奥运帆船比赛承办权的青岛市人民政府制定的《青岛奥运行动规划》为例,在规划的第一部分就明确表述2008年奥运会帆船比赛要实现"三大目标",即要充分发挥奥运赛事对经济社会发展的推动作用,力争实现赛事组织最出色、奥运效应发挥最充分、城乡居民参与最广泛的目标。

(2) 赛事总体计划涉及的内容要全面。这是指与赛事运作管理相关的各部分工作内容在赛事总体计划中都应该有所涉及和体现,不可缺漏。赛事的运作管理是个系统工程,需要各方面工作的协同合作。总体计划对任何一方面相关工作的遗漏或者忽略,都将造成实施阶段的成本增加、协调困难,甚至重大失误。

(3)赛事总体计划安排的进度要合理。从项目管理的角度来看,赛事总体计划最关键的环节就是制订出科学、合理、高效的工作进度计划。如果说没有明确目标的总体计划是无的放矢,那么没有合理进度的总体计划则是泛泛而谈,一纸空文。在安排工作进度时,要学会运用项目管理技术,列出需要完成的任务清单,确定要完成的任务顺序,为各项任务分配好时间,并为其指定具体时间和日期。值得推荐的一种方法是逆向计划,即规定任务完成的最后期限,确定完成每一任务所要求的步骤和所需要的时间,从最后期限减去这些时间,以明确该何时开始这项工作。此外,在进度安排中要预留一定时间来应对不确定事件。

(4)赛事总体计划要明确责任单位或责任人。无论多好的计划都需要人去实施执行,因此,赛事的总体计划必须落实到具体的责任单位或责任人才具备现实意义。在总体计划中应列出各部分工作的责任单位或者责任人,并标出具体的联系方式(电话、传真、电话、电子邮件地址等)。这既有利于总体计划趋于严谨,也有利于计划实施阶段的沟通与协调。

第二节 体育场馆赛事营销技巧

一、有奖竞赛

体育场馆为了推广赛事,可设置有奖竞赛活动。例如某棒球比赛规定,在正式比赛开始前,让经过抽奖选拔上来的幸运观众,在外场接球,如果观众接住三个球,那么棒球场里的每个人都可以赢得一份免费的饮料,参赛者更是能赢得免费的食品。再比如,某赛事规定通过抽奖产生的18名入围者中有1人可能赢取一辆摩托车。在赛前向每位入围者分发一把钥匙;然后在两局比赛之间,由当地电台的名人陪伴入围者到达比赛场地,让他们试试自己的钥匙是否能够启动摩托车,能够启动

第八章 体育场馆大型赛事的运营

者就是最终获胜者。同时,其他入围者也将获得小奖励。

注意有奖竞赛要选择适当年龄的参赛者。例如绕球棒赛跑游戏,成人进行游戏时比小孩子更富娱乐性;而孩子们可能更适合其他游戏。

二、有奖赠品发放

有奖赠品发放的目的在于激发观众对赛事的兴趣,从而增加门票销售数量。有奖赠品发放无论多么具有创造性,如果目标受众对此一无所知或漠不关心,活动也不可能获得成功。同样,如果实施这些活动的花费比它所带来的收益还高,也注定不会成功。

要组织成功的有奖赠品发放,场馆赛事营销人员首先必须了解观众是谁,以及他们喜欢什么,然后制订一个能够吸引这些受众的计划,然后与社团和媒体赞助商们协作,高效地推广有奖赠品发放。把赠品用于随后进行的其他促销活动也是很好的办法。例如,在某场比赛中发放了T恤衫,然后向穿着这套T恤衫的体育迷提供另一场比赛的半价票。

赠品发放活动的成功取决于对促销活动的宣传,以及发放的物品将来有什么用处。所有的比赛都应该在赛事日程上把赠品促销活动重点标示出来,并通过网站、有线广播、视频记分牌和有声电子邮件进行推广。最好的赠品就是印有运动队日程、赛事名称和日期的物品,如运动水杯、小扇子、帽子、T恤、运动包等。收藏性的物品如最新款的汽车模型、卡通玩具等,也可以用作赠品,这些物品不仅可以吸引参与者,还能吸引媒体的注意。

与赞助商协作进行比赛及赠品发放活动的组织、推广,被证明是最为有效的模式。这一模式不仅分摊了营销支出,而且为公司提供了充分利用赞助权的机会。如果运行得当,该模式还可以为参与营销的各方创造营利的环境。

三、重视营销工作

营销方式包括在赛事上进行的意在促销的有线广播、视频记分牌通告，在赛事期间举办比赛或者发放赠品，在报纸、电台和电视台以及互联网上发布广告。重视营销的目的在于增强消费者对赛事的关注，并引发人们询问："我怎样才可以参与？"

四、设计促销创意

好的促销创意能够激发观众的参与热情。例如把促销活动与运动队的成绩联系起来就是很好的创意。比如北美一场比赛中，主队每获得一个得分，当地出售的比萨饼就减价1美元。

五、与媒体协作

要重视与媒体的关系，提升媒体对赛事报道的兴趣，并以友好的方式进行报道。

需要考虑时间、时机和记录次数三方面因素。时间指的是与媒体发展关系所花费的时间。时机指在最恰当的时间与媒体联系，以及了解何时举行赛事期间活动有助于媒体报道。记录次数指在赛前、赛中和赛后引起媒体注意的任何宣传或者活动发生的次数。

吸引媒体注意的一种手法是利用名人效应。如纽约在举办 NBA 全明星赛时，来自正在热播的 11 部电影的演职人员在半场休息时出场表演，被称为"篮球在百老汇"。

当媒体被吸引来之后，应该向他们提供最高水准的服务。这些服务应该包括技术支持及个人服务。技术支持包括准备好电话、电脑接入设备、复印机等。个人服务包括优先获得食物和饮料、休息室设施、短程交通车接送服务等。

六、通过互联网营销

互联网营销成功的关键在于拥有适合市场的网址、丰富和随时更新的内容、方便使用的网站、快速下载的网页、前沿技术、激励措施、游戏、购买能力以及适合访问者的内容。

网站内容必须具有足够的吸引力，要通过文字、图像、动画、音频或视频将赛事很好地宣传出来。

同时，网站设计也很重要。网页上的图标或者导航条应该清楚地指示导航路径。网站的每一个次级网页都要提供一个路径，让使用者可以返回到主页。网站的网址应该把所有在线和离线的营销活动结合起来，包括有声电子邮件、新闻发布、横幅、视频记分牌和广告。网址目录的层次应尽量少于四级，避免使用者迷失。

七、赛事促销注意事项

刺激对象的条件。任何促销措施和手段在实施前都应认真、仔细地研究，其了解该营销活动会在多大程度上对观众产生刺激作用。刺激的作用可以是全部也可以是部分。

促销的途径和力度。体育场馆应根据赛事项目来分析通过什么途径确定促销方案以及营销活动的时间、次数等。大多数有奖竞赛和赠品发放成功的关键取决于赞助商对促销活动的支持力度，即是否能提供足以让每个人都兴奋不已的巨额奖金。

促销的时机。选择适当的促销时机也很关键。例如棒球比赛赢取巨额奖品的最佳时机是第四局或第五局之后。在该局比赛之前，赞助商得不到足够的重视；而在该局之后，观众的兴奋度就会降低。

促销的时间安排。赛事促销的日程安排通常是根据赛事项目特征来确定的。这个安排要能使体育场馆的经营、接待、服务等相互协调。在特定情况下，可能需要进行非计划内的、特别的促销推广活动。

第三节　体育场馆赛事后勤保障

一、赛事后勤保障工作概述

后勤保障（logistics）一词来源于希腊语 logistikos（计算科学）和 logos（理性）。在现代用法中，后勤一词也指运作中对细节的把握。制订后勤保障计划是实现成功的途径之一，后勤保障计划的水准则受制于赛事条件，如比赛项目数量、比赛场馆数量、竞赛级别等。对如何进行体育赛事的后勤保障工作有了一个较好的思路和明确的操作要求之后，首先可以开始构建组织结构，然后对赛事活动的所有细节进行有效的计划和管理。并且关键的职位以及与外界的联系也应该在组织结构中确定下来。

二、赛事接待服务工作

体育赛事的接待服务是指为参与赛事的各类相关人员提供一系列服务的集合。接待对象包括运动员、教练员、赞助商、技术官员、政府官员、媒体记者、各界名人等。

体育赛事的接待工作通过计划、组织、执行、监控、评估等一系列工作流程将体育场馆、赛事接待对象及其他提供赛事接待服务的供应商紧密联系在一起，通过沟通、协调达到赛事接待服务的供需平衡，为赛事提供优质服务，舒适环境。

1. 体育场馆内部协调工作

在接待对象类别及数量的调研摸底上，要加强场馆内部各部门的协调沟通，了解各部门负责接待对象的工作和生活需求。比如，需要在新闻宣传部门的配合下，了解参加赛事的媒体记者的接待需求；在市场开发部门的配合下，了解赞助商的接待需求等。

在餐饮服务、车辆调度等工作的实施过程中，都需要接待服务部门保持与各部门的合作，对各部门对口接待对象的住宿、餐饮、用车等需求进行分类汇总，并在各部门支持下一一落实。

在参与接待工作的场馆、餐饮服务人员的培训上，要与人力资源部协作，制订培训计划，开展培训工作。

在接待服务工作的财务保障方面，应与财务部门保持沟通，合理编制接待服务涉及的各项财务预算，而后向财务部门报批。

2. 与相关部门的合作

赛事接待服务工作量巨大，并需要各种软、硬件服务设施，体育场馆的接待部门不可能将所有接待服务工作"一手包办"。体育场馆主要对接待服务工作进行统筹管理，具体的餐饮、用车工作一般外包给专业的组织及人员运作。这也使得接待部门成为体育场馆中与外部联系最多的部门。对于大型赛事而言，体育场馆的接待部门常常要与政府机关、餐饮饭店、食品公司、饮品公司、快餐服务公司、铁路部门、航空公司、公交公司、汽车服务公司、旅行社等等众多组织进行协调、沟通与合作，来完成千头万绪的赛事接待服务工作。

在与外部组织及人员的合作中，要慎重选择接待服务供应商。在选择方式上，可以是洽谈或者公开招标，要基于体育场馆的有关规定及不同方式的成本考虑。比如，公开招标有利于促进投标单位的竞争，争取更为有利的服务价格，但可能会需要花费更多的时间、资金组织招标工作。确定了接待服务提供商后，要注意合同细节，详细规范双方的职责，明确各自的权利义务，避免可能出现的法律、经济风险。

三、赛事安全保卫工作

安保既是体育场馆成功举办赛事的根本保障，也是赛事成功的主要标志之一。为实现体育赛事安保工作的战略目标，体育场馆需要完成多项预定的工作任务。

1. 现代体育赛事安全保卫特点和趋势

现代社会的流动性、复杂性使社会生活的风险日益增加，加之体育赛事本身所具有的聚众性、对抗性特点，使体育赛事安全保卫问题成为一个受到广泛关注的热点。现代体育赛事安全保卫的特点和发展趋势着重表现为以下几方面：

(1) 体育赛事安全保卫领域逐渐扩大

体育赛事已经超越了单纯的体育概念，成为社会事件，对社会政治、经济、文化方方面面产生影响，而体育赛事的安全保卫所涵盖的领域也随之逐渐扩大，不仅仅包括体育场馆内部的安全防范，还包括体育赛事举办地的社区安全、城市安全、公共交通管理安全、信息安全等非常广泛的领域，体育赛事的安保是人防、技防和物防的紧密结合。

(2) 体育赛事安全保卫中高科技含量增多

科学技术的发展及运用，加之国内外体育场馆之间的技术与经验交流，使得体育赛事安全保卫中高科技含量增多，在大型综合性赛事中高科技产品更是占据了核心地位。电子安全防范系统、电子门票系统、城市智能交通系统、联网报警服务系统、可视光摄像机、红外热像仪，等等越来越多地用于体育赛事的安全保卫工作中。比如：除开幕式所有人员常规安检外，所有开幕式表演人员的道具及入场采访记者的设备均需通过专门的"X"光机透视；开幕式会场外设有8个、会场内设有的200个"电子眼"，可精确地看到对面观众的面部表情。

(3) 体育赛事安全保卫的投入日益增加

随着体育赛事安全保卫领域的逐渐扩大，高新科技的快速发展，体育赛事安全保卫在人力、物力和财力方面的投入也日益增加。比如2004年雅典奥运会，希腊政府投入了116亿美元，其中仅安全保卫一项的费用就高达13.9亿美元，几乎相当于2000年举办悉尼奥运会的全部费用。巨大的安全保卫费用已给众多体育赛事运作带来沉重压力，安全保卫系统的经济性、实用性开始引起体育场馆的重视。

(4) 体育赛事安全保卫中人文因素的增强

高科技武装起来的严密的赛事安全保卫系统虽降低了赛事的安全风险，但有时却给参加与参与赛事的人员增加了不便。强调体育赛事安全保卫要以人为本，增强安全保卫中的人文因素正成为新的发展趋势。以人为本的安全保卫要求根据不同使用人群的不同需求，提供有针对性的服务。对于观众而言，除了欣赏比赛外，他们还有饮食、娱乐、购物等其他需求，安全保卫要保障他们行动上的便利，而不是让他们觉得失去出入场馆的自由。媒体记者是赛事的重要参与者，为了最及时地报道赛事，他们的活动范围往往较大、活动频率较高，安全保卫部门要为他们提供最为便利的安全通道。

2. 体育赛事安全保卫总体计划和方案

为保障体育赛事安全保卫各项工作高效运转、严谨有序，赛事的运作管理机构应结合赛事的实际情况,借鉴其他赛事的成功经验,制订赛事安全保卫工作的总体计划及方案。

在制订赛事安全保卫方案方面有以下建议:

(1) 确定赛事安全保卫的关键环节和重要区域

一般情况下,入场安检、消防安全为赛事安全保卫的关键环节;比赛场馆、运动员驻地、重大活动(如开、闭幕式)的举行现场为重要安全保卫区域。在制订赛事安全保卫总体计划的基础上,应该针对这些环节和区域分别制订详尽的安全保卫方案和处置各类突发事件的应急预案。

(2) 对安全保卫的对象进行分类

主要指按照身份、级别等对赛事相关人员进行分类,制订不同的安全保卫策略。这是因为不同类别的人员背景不同、数量不同、行为方式不同,受到的风险及可能的威胁也不同,只有在区别各自的特点及需求后,才能制订及实施适宜的安全保卫策略。

(3) 随着时间和情况变化调整方案

在场馆、驻地、现场、安检、消防、通信、防恐、证件等各类方案制订完成后,并不意味着这些方案是一成不变的,随着赛事安全保卫工作的逐步深入,赛事内外部环境的变化,尤其是社会安全形势的发展和变化,不断对方案进行更新、补充和完善。

赛事的规模无论大小,在安全保卫工作的组织方面,始终要保证集中、统一、高效、畅通的指挥系统,并且要建立严格的安全保卫工作管理制度,包括工作制度、会议制度、公文处理制度、重要事项监督制度、保密制度、财务制度、印章管理制度等。

在建立了赛事安全保卫组织架构,配备了相关工作人员后,需制订并实施安全保卫培训计划。一方面是安全保卫基础知识培训,包括赛事知识、赛事礼仪等;一方面是针对安全保卫工作人员所承担的具体职能开展的专业培训,包括紧急救援、现场疏散、突发事件处置、场馆驻地安检规范等。

3. 安全保卫部门与体育场馆内外部的合作

(1) 体育场馆内部协调工作

安保部门是对体育赛事的安全保卫工作进行统筹管理的部门，需要与体育场馆的其他职能部门保持沟通，协调安全保卫工作中出现的各种问题。

在安全保卫所需要的装备的购置方面，应与负责物资采购或者提供的部门进行沟通，由安全保卫部提出装备的标准和要求，并进行严格的检查验收。

在竞赛的安全保卫方面，应与竞赛部合作，竞赛部应及早向安全保卫部门提供赛事的竞赛日程安排及其他的重要赛事信息，如有变动，也须及时告知，以便安全保卫部根据竞赛安排做好安全保卫力量的布置及调整。

在加强赛事相关人员以及社会公众的安全保卫意识方面，应与新闻宣传部门合作，根据赛事筹办的进展状况和实际需要，针对不同群体进行赛事安全宣传，并及时发布有关安全保卫方面的公告，如开幕式时交通管制公告等。

在消防、人员安全保卫方面，应与后勤保障部门合作，在其协助下对场馆进行建筑的消防安全检查，确定不同区域的安保级别和安保力度。

在赛事赞助商商业活动的安全保卫方面，应与市场开发部门进行沟通，要求市场开发部门及早提供详细的赞助商商业活动方案，由安全保卫部门就活动的安全事宜进行审核，并配置适量的安全保卫力量。

在安全保卫工作的财务保障方面，应与财务部门随时沟通，安全保卫部门应及早向财务部门提出安全保卫的财务预算，由财务部门进行审批，接受财务部门的监督。

除此之外，安全保卫部还应与办公室、行政部门保持良好沟通与合作，保证安全保卫工作的顺利进行。

(2) 加强与体育场馆外部组织及人员的合作

安全保卫部与体育场馆外部的合作主要在两方面，一方面是政府有关职能部门；另一方面是安全保卫设备供应商。前者主要包括公安、交通、消防、通信等部门，后者则包括安检器材供应商、交通保卫设施供应商、消防器材供应商、通信器材供应商等。

除此之外，现代的大型体育赛事由于内外部环境越来越复杂，体育场馆只依靠自身的安保技术和力量往往心有余而力不足，因此日益重视与国内外专业的安全保卫机构的合作，充分吸收和借鉴成功经验，学习和运用新的安全保卫技术。

四、赛事的供电供水保障工作

1. 赛事供电、供水保障工作的定义和地位

供电、供水保障工作包括设备更新、改造和维护，供电、供水运作的调度和调试，保障赛事期间的用电、用水安全及供电、供水的充足稳定。

2. 赛事供电、供水保障工作的组织

体育场馆设置供电、供水保障部门及专职人员，负责协调、检查、督促场馆的供电、供水工作。部门内按职能可分为供电、供水调度中心，供电、供水设备保障处，现场保障处等。

由于供电、供水保障工作技术性强，要求配置的工作人员必须熟悉和掌握供电、供水设备运行及维护等知识。对供电、供水保障工作人员要进行设备操作、运行与维护方面的培训，使其熟悉水力、电力系统，提高其处理突发事故的能力。

3. 赛事供电、供水保障工作的主要内容

（1）制定赛事筹备与举行期间的供电方案

在赛事筹备过程中，向赛事各用电、用水部门提供连续、稳定、充足的电和水；在赛事举行期间，保证赛事各用电、用水区域的电和水供应，保证开、闭幕式和各项竞赛以及其他重大活动的顺利进行。

（2）指导、监督场馆各区域的用电、用水安全

对比赛场馆、办公地等进行安全用电、用水的指导、检查、监督，

组织定期巡视和特别巡视,及时发现用电、用水方面的安全隐患,督促相关单位整改,并对整改情况进行核查,排除隐患,确保用电、用水安全。

五、赛事的医疗卫生保障工作

1. 赛事医疗卫生保障工作的定义和地位

体育赛事的医疗卫生保障工作是在赛事的运作管理过程中,以提供安全、卫生赛事环境为目标,开展的有关卫生监督、医疗救护、疾病控制、医疗保健等方面工作的集合。医疗卫生保障工作是赛事顺利举办的重要保证。

2. 赛事医疗卫生保障工作的组织

体育场馆根据赛事需要,设置医疗卫生保障部门和人员。大型赛事应专设医疗卫生保障部门,部门内按职能可分为医疗救护处、卫生监督处、疾病防控处、医疗保健处等。

医疗卫生保障工作需配备具有专业医务知识、丰富经验的工作人员,包括医疗救护人员、卫生督察人员、疾病防控人员等。

对医疗卫生保障工作人员要进行培训。对医疗救护人员的培训侧重于掌握急诊医学的基础理论、常见危重病的临床特点及赛事突发事件中的急救处理技能。对卫生督察人员的培训侧重于使其了解相关法律法规和赛事有关医疗卫生规定,要求熟练使用卫生检测设备。对疾病防控人员的培训侧重于掌握常见传染病的特征、疫情监测手段及传染病疫情应急处理方式。

3. 体育赛事医疗卫生保障工作的主要内容

体育赛事医疗卫生保障工作的目标主要有四点:

①为参加赛事的人员提供优质、高效的医疗救护服务。

②通过卫生督查工作,为赛事提供安全、卫生的环境。

③通过对环境卫生的综合整治,杜绝或减少疾病传染源,预防疾病传播。

第八章　体育场馆大型赛事的运营

④为赛事部分接待对象提供医疗保健服务。

为实现以上目标，医疗卫生保障部门的工作内容主要包括：

（1）医疗救护

主要包括院前急救与院内救治工作的有机结合。体育赛事医疗救护工作的主要地点为重大活动现场、比赛和训练场馆。此外，赛事举行前应事先选择并确定符合要求的医院负责院内救治工作。

对于重大活动现场的医疗救护，要事前掌握活动的全面情况，包括时间、地点、人员数量、进出通道等，在活动现场适当位置设置急救医疗站，标志必须醒目易见，现场需配置医疗救护资源，保证足够数量的救护车和医务人员。在比赛和训练场馆设立医务室，根据比赛日程和比赛项目的具体情况，配备医疗救护资源。定点医院要委派固定的联络员，要做好充分的人员、物资、设施和设备的医疗救护准备工作。

（2）卫生督查

卫生督查工作要求保证所有赛事相关人员的安全卫生，需要制定《赛事食品卫生方案》《赛事饮用水卫生方案》《赛事公共场所卫生方案》，依据工作计划和方案开展卫生督查工作，对场馆、驻地的周边环境进行整治，清理卫生死角，保障环境的安全卫生。

（3）疾病预防控制

主要包括赛前和比赛期间的传染病预防控制工作。需要制定《赛事传染病预防控制方案》《赛事除害防病方案》等工作方案。

比赛期间要建立赛事传染病疫情专报制度，做好传染病疫情常规报告，制定应对疫情暴发或蔓延的紧急控制措施，一旦赛事相关人群中发现传染病疫情，应立即采取有效的防控措施，确保把疫情控制在最小范围内。

（4）医疗保健

赛事需要向部分接待对象提供医疗保健服务，通过良好的医疗保健服务进行有效的公关、商务交流及外交活动。在定点医院设立的医疗保健点，在条件许可的情况下，应提供绿色通道服务。

六、赛事的通信保障工作

1. 赛事通信保障工作的定义和地位

体育赛事的通信保障工作是指体育场馆组织和协调邮政、固定电信、移动电信等邮电通信服务商，为赛事比赛场馆及周边地区提供通信服务，保持赛事相关人员内外部沟通渠道的顺畅，保证赛事的顺利举行。

2. 赛事通信保障工作的组织

根据赛事需要设置通信保障部门及人员，负责赛事的通信保障工作。由于通信保障工作技术性极强，赛事通信保障的具体工作通常由邮电通信服务商承担，而体育场馆主要负责对赛事通信工作的统筹管理，以及对邮电通信服务商的监督。通信保障工作人员要具备一定的通信保障经验，有较强的协调、监控能力，以及处理突发事故的能力。

3. 赛事通信保障工作的主要内容

赛事通信保障工作的主要目标是满足参加、参与赛事的人员工作及私人方面的通信需求，提供及时、优质的市内通话、国内外长途通话及信件包裹递送服务。

赛事通信保障工作的主要内容包括：

（1）通信设备的保护

防止损坏通信电缆，在安保部的配合下，对恶意破坏通信电缆的违法犯罪行为进行预防、控制和惩处。

（2）通信容量的保障

在移动电信服务商的配合下，调查评估赛事通信容量，尤其是峰值容量。根据容量需要制定通信保障方案，必要时设置基站或安装信号发射器，保障赛事及相关重要活动的通信畅通。

（3）通信服务网点的设置

根据赛事对固定电信、邮政服务及邮品的需要，在场馆及周边地区设置服务网点，提供电话、纪念邮品发售及信件包裹邮寄等服务。

七、赛事的信息系统保障工作

1. 赛事信息系统保障工作的定义和地位

体育赛事信息系统包括基础网络系统和应用服务系统。其中基础网络系统包括骨干网络系统、本地网络系统、场馆网络系统和枢纽工程建设；应用服务系统包括人员注册系统、计时计分系统、现场成绩处理系统、综合成绩处理系统、数据通信系统、综合查询系统、竞赛信息系统、仲裁录像系统、指挥调度系统、通信服务系统以及多媒体查询系统、办公系统、电子商务系统等方面。

现代社会信息技术发展迅速、日新月异，依靠文字记录和传送信息的传统传播方法已经难以适应现代体育赛事的需求。使用现代化信息技术，建立和维护体育赛事信息系统，一方面有利于提高赛事运作效率；另一方面也能提高赛事运作质量。信息系统在体育赛事运作中具有广泛的服务范围和影响力，是体育场馆内部工作人员和外部公众包括媒体、供应商、运动员、观众等获取有效信息的重要系统。信息系统保障工作是确保赛事顺利进行的关键部分。

2. 赛事信息系统保障工作的组织

体育场馆根据赛事需要，设置信息系统保障部门及人员，负责信息系统保障工作；由于信息系统建设与维护是相当复杂的系统工程，通常需要与网络运营商、网络工程公司及软件服务公司合作，或者聘请专业的技术顾问来保证实现预期目标。

3. 赛事信息系统保障工作的主要内容

（1）保证赛事信息系统运行通畅

体育赛事信息系统是以竞赛组织为中心的现代化赛事运作管理工具，核心目标是保证赛事期间系统的正常运转，例如计时计分、现场成绩处理、综合成绩处理、综合成绩查询等系统的无故障运行。

（2）保证赛事信息系统的安全

信息系统在提升现代体育赛事运作效率和质量的同时，也引发了许

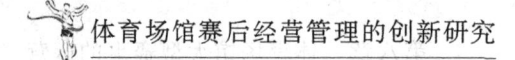

多安全风险。这些风险来源于系统的自身和外部两方面。前者是由于系统本身设计、安装、运行方面的缺陷、漏洞，可能导致信息系统运作中错误的产生，后者则是某些恶意及不法分子对赛事信息系统的攻击，轻则影响信息系统正常运行，重则导致系统瘫痪，造成巨大损失。因此，要通过技术防范和严格管理两方面的工作来加强对赛事信息系统的安全管理。

第九章　体育场馆经营管理的新发展

第一节　体育场馆运营发展趋势

一、体育场馆投资与建设趋势

1. 体育场馆投资趋势

在中国，完全依靠国有资本兴建体育设施的模式正在发生转变，社会力量和个人投资者的参与显著增加，境外资本已开始逐步介入，已经出现了很多自主投资，自主经营，并能赢利的商业运作成功案例。未来国家将进一步完善体育场馆设施建设用地政策，例如，新建非营利性体育设施以及结合环境改造使用荒地、滩涂开发建设体育设施等，地方政府采取划拨方式提供用地，并对其他体育设施建设用地的相关费用给予适当优惠。

2. 体育场馆设施建设趋势

从国际体育设施建设趋势看，设计理念在不断地更新，呈现了一些新的特点，如：更加注重场馆的综合利用，尽量满足比赛训练和群众健身的共同需要，尤其注意满足不同人群的多种要求，充分考虑场馆的日后运营、维护和管理。许多场馆外表朴实而简单，内部装修亦较平淡，但非常突出人性化，使用起来非常方便。功能方面，注意使用功能的多样化，而且在建设阶段就应该为多功能的使用预留设施条件。

二、体育场馆管理发展趋势

1. 体育场馆经营模式趋势

大型公共体育场馆建成后，其经营项目可以灵活多样：表演比赛、竞技训练、大众健身娱乐、大型会演、展览会、餐饮、住宿、购物等等。为了适应后期的经营管理，在前期规划设计中，还要避免未来出现条块分割、相互封闭、各项目独立经营的局面，使场馆与项目、场馆与基础设施、配套设施密切结合，各种功能综合配套。场馆应与周围的附设项目配套建设，主场馆要与附属设施共同组成一个相辅相成的完整系统，这样，其附加的边际成本才能通过这一系统工程对外开放后增加的经济效益抵消或减少。

2. 体育场馆管理模式趋势

在保障体育设施基本功能的基础上，以经济效益为中心，市场为取向，实行企业化管理模式，以扭转单纯由国家投资建设和提供后期设备更新、维修费用的局面。假如由政府的体育行政部门代行投资人职责，组成专业的体育设施建设和标准化管理公司，专门负责整个场馆的前期论证、规划、设计、招标、施工，乃至竣工后的经营管理，则是较理想的管理模式。因为这样的专业化公司可以凭借其熟悉体育领域业务，掌握体育设施标准的优势，较好地避免因政府或社会其他企业不熟悉体育行业而管理体育场馆所带来的问题。

第二节 体育场馆建设前重视赛后利用

一、体育场馆建设上的历史教训

1998年日本长野冬季奥运会，当时日本政府花费了190亿美元建造高速火车和滑雪跑道等设施。奥运会后，长野经历"后奥林匹克衰退"，对场馆设施的高额维护费导致了长野经济的大衰退。1999年长野的制造业的产值下降了30%，211家企业宣布破产，下降速度创造了二战以来地方经济衰退的最高纪录。

耗巨资建设奥运场馆而经营不善，导致负债累累的加拿大蒙特利尔，是奥运会历史上的"经典案例"。他们举办的第21届奥运会，因为管理不善、腐败严重而被称为"蒙特利尔陷阱"，包括主体育场在内的不少体育场馆经费预算多次追加，工期一拖再拖，最后实际开支突破最初预算的20倍。曾以"简朴"为主旨的一届奥运会成为吞食巨额资金的无底洞。至今蒙特利尔人还在为当时的巨额亏损还债。他们的这一"榜样"作用，一度长期让申奥成为"烫手的山芋"。

2004年雅典奥运会，人文色彩浓郁，其"奥林匹克回家"主旨受到广泛赞扬。但这届奥运会却是现代奥运108年历史上最"昂贵"的一届，主办国希腊为此耗去了约100亿欧元，造成国库空虚，政府财政预算赤字达到6.1%，居欧盟各国之首。雅典奥运会已曲终人散，然而投入30多亿欧元建设的30多个奥运场馆，在奥运会结束后，一直处于"无用"状态。每年1亿多欧元的高昂养护成本成为现在雅典人的一大"心病"。

体育场馆的性质决定了它的规模和建设投资都比较大，而且作为百年大计，日常的运营维护费用也相当高，少则每年百万，多则以千万计。在我国，过去相当长一段时期内这些费用都是由国家政府补贴的。体育设施转为市场运作后，从运营的情况来看，与发达国家一样，都普遍存在着利用率偏低的现象。

导致上述情况的原因主要有两个方面：一方面是市场没有建立起有效的机制来规范体育场馆的建设，致使设计行业很难对体育场馆有全面的认识，核心的问题还是未重视体育设施工艺的设计；另一方面是长期受计划经济体制的影响，致使体育场馆的设计缺乏市场意识，缺乏可持续发展的观念，造成体育场馆功能单一、设施不完备，满足不了日益发展的体育比赛及大众文化体育生活的需求。这些问题的解决必须依赖于场馆建设前的设计论证。

二、体育场馆建设趋势

体育场馆设计是日后场馆运营的基础和前提，在前期规划设计时不注重日后经营管理的需要，一旦竣工后再想在单一功能的基础上进行多元化开发是很困难的，面对硬件设施的局限，研究拓展经营渠道肯定是为时已晚，这样自然会大大降低体育场馆的自我发展与生存能力。因

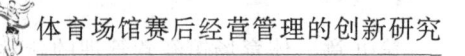

此，场馆设计已经不仅是设计师要考虑的问题，更是投资者和业主关心的核心问题。从国际体育设施建设趋势看，设计理念在不断地得到更新，呈现了一些新的特点。

首先是更加注重场馆的综合利用。体育场馆尽量满足比赛、训练和群众健身的共同需要，尤其注意满足不同人群的多种要求，充分考虑场馆的日后运营、维护和管理。其次是人性化设计。许多场馆外表朴实而简单，内部装修亦较平淡，但非常突出人性化，使用起来很方便。最后是在使用功能方面，提高使用功能的多样化程度，在建设阶段就为多功能的使用预留设施条件。

中国体育设施建设近几年蓬勃发展，尤其在北京奥运会的强力推动下，已进入快速发展阶段。全国各级政府均加大了对体育设施的资金投入，体育设施的发展成为我国体育事业发展的强大推动力。体育场馆建设上呈现出一种新趋势：就是各级体育主管部门在建设体育场馆的同时，不断思考和总结经验，通过多方融资、整体规划、优化设计、合理建设、科学管理等手段，提高体育场馆建设的科学性。在体育场馆建设前，从提高赛后利用率的角度，分析场馆设施的地理位置、交通因素、经营方式，论证体育设施的多功能设计方案。

例如，北京奥运场馆建设的原则就是节俭与赛后利用相结合。从奥运场馆设施的选址、规划和设计等方面，既符合举办奥运会的要求，又充分考虑赛后利用。这些体育场馆除了满足北京2008年举办奥运会和残奥会的需要外，还将成为丰富广大市民文化体育生活并具有持久影响力的奥林匹克遗产。经过优化设计后的奥运场馆在建设中制定了场馆内设施、器材的各项标准，选择和使用了大量的新型环保优质建筑材料，以确保各个场馆都具备完善的运行功能和一流的建筑质量，这种设计既满足举办奥运会的要求，又便于赛后的综合使用、管理和运行。

可以说，北京奥运场馆在设计和建设之初有关运营理念的顺利融合，标志着我国体育场馆建设越来越重视建设前的赛后利用论证，并开始普遍采用这样的全新建设理念。

三、新理念——场馆建设前要高度重视赛后利用问题

巨型体育场馆赛后运营是个国际性难题，一是由于大多数体育比赛商业化程度不高，场馆利用率低；二是现代体育馆投资巨大，回收周期长，回报率低。目前国内大多数体育场馆经营不佳，高度依赖政府财政。这些场馆在经营时遇到的困难，都是由于设计上的欠缺引起的，这种欠缺表现为在场馆建设设计时，往往只考虑设施的体育竞赛和训练用途，没有为多功能使用和赛后利用提供足够的空间。

好设计是好工程的基础，要解决场馆在大赛后的综合利用问题，开启大型体育设施的赛后营利模式，在设计之初就应该综合考虑比赛需要和赛后管理问题，从源头开始。即建设前对场馆合理定位，从一开始就要有合理的方案、多功能设计和多样化经营管理设想，这样才能为日后的经营管理提供更多可能性。因此，赛后运营必须与场馆兴建同步运行。工程投资12.9亿元的上海八万人体育场是国内赛后利用比较成功的例子。作为上海的标志性建筑之一，该体育场除了建立比较完备的体育设施，还设立了宾馆、娱乐场所、购物商场等其他功能场所。近来上海市又把体育场的地下部分开发成了上海的旅游集散中心，巧妙地利用了它的交通枢纽功能。但由于集散中心这一功能在体育场设计之初并未考虑到，导致了场馆的使用较为被动，旅游集散中心的舒适度和美观性都打了折扣。相对而言，天津奥林匹克水上中心前期策划就比较充分。有调查显示，北纬40度以上地区的室内水上场馆经常陷于经营困境，其中一个重要原因就是60%的投资花费在大量的能耗上。于是设计者把该场馆的设计重点放在了节能方面，为日后运营大大降低了成本。

有专家提出有3种主要方法可增加场馆的商业收入。一是建设大量的休闲设施，例如：高级座位、包厢、餐厅、酒吧等，很多欧洲足球俱乐部的新赛场就可以显著提高在比赛日的收入。比如：在阿姆斯特丹Arena体育场举办阿贾克斯足球赛，大约有50%比赛日收入是通过休闲设施运营得到的，而这些设施仅占场馆面积的不到10%。当然没有一流的场馆设施是不可能做到这点的；二是最大限度地利用场馆建筑本

身。场馆通常是没有比赛的日子多于有比赛的日子，在没有比赛的日子可以把场馆变成会议地点、零售、展览馆、康体中心、电影院等。当这些设施可以在比赛或非比赛日都得到利用的时候，自然能够提高经济效益；三是在场馆内开展各种非体育活动，如音乐会或公司活动等。为了达到这个目的，必须具备两个重要条件：一是当地必须具备这种活动的广泛市场；二是场馆的设计必须具备举办非体育类活动的功能条件。所以，经验表明在场馆设计方案定案后就要开始考虑场馆的商务运营问题，良好的商务管理将确保场馆在赛后能够成功运营。

多样化经营理念能提高场馆自身的造血功能。从国内各大体育场馆的运营状况看，都存在"以副养主"的情况，即仅靠向公众开放是无法维持运行的，因此必须从体制和机制上创新，进行深层次开发，做附加值高的经营项目。即使像上海、广东等地经营较好的场馆，也是依靠"体育物业"而非体育产业创收，但这往往只能维持日常运行，维修改建工程仍然是依靠财政投入。所以如果前期规划合理，将极大地促进场馆提高经济效益。

南京奥体中心在设计中就充分考虑到了赛后商业使用的可能性，除必需的竞赛用房外，尽可能把场馆建成商业用房。除了可以进行品牌专卖、展览、文娱演出等活动外，还可用来经营餐厅、咖啡屋、酒吧、桑拿房等，赛后也可以成立俱乐部，吸收会员。预留的空地将来还可建成超市、汽车站或旅游集散中心，成为集健身、休闲、旅游、观光等功能于一体的公共服务场所。体育科技中心则按照宾馆的结构标准设计，赛时作为新闻中心和官员办公室，平时可作为宾馆经营。这些建设前的设计使南京奥体中心赛后全部向公众开放时，满足了社会对体育健身和观赏体育竞赛表演的需要。

多功能设计为提高场馆利用率奠定了良好的基础。例如南京奥体中心体育馆可以举办除了自行车和田径之外的所有室内项目比赛。它的标准冰场面积近3200平方米，需要举办冰上项目比赛时就安装制冷管道，浇水制冰；平时则铺设美国原装进口的活动地板；举办排球、乒乓球等比赛时在地板上铺设橡胶垫；举办体操比赛时则搭建临时赛台。为调节不同比赛项目的场地尺寸需求，体育馆在 1.3 万个席位中安装了 3000 个活动座椅。

第三节 体育场馆的设计理念

随着我国的改革开放及国民经济的高速发展，人民生活水平有了极大的提高，而随着居民闲暇时间的增多，人们对体育健身的需求大大增强。体育场馆的各种训练设施为竞技体育服务的单一功能已不适应改革开放的要求，因此，体育设施的综合利用问题既是关系到体育设施今后的经营方向的问题，也关系到体育设施生存发展的重大问题。对此，在规划设计阶段，各建设单位即应对这个问题给予高度的重视。

一、场馆设施多功能化

体育设施要立足于对多种体育功能进行充分利用，做到比赛与训练相结合，竞技体育与群众体育相结合。各种训练设施，应在空余时间向群众开放，一方面弥补社会体育设施不足的现状，发挥其社会效益；另一方面增加经济收入，改变体育设施管理经费不足的现状。实现这样的功能要求，首先在建设布局上，要改变竞技体育设施封闭管理的固定模式，为多功能利用创造条件，另外在管理体制上，也要做相应变革，以适应开放的需要。

体育设施的综合利用问题，在建筑上是功能设置问题，除体育功能外，还应为多种经营活动创造条件。既包括主场地的多功能使用，也包括附属房屋的多功能利用。主场地的多功能使用，经过十几年的改革实践，已基本形成较固定的经验模式。例如体育馆比赛大厅，除能满足多种体育项目的比赛、训练要求外，还能满足马戏、杂技、文艺演出，放映电影及举办展览等多种功能需要。附属房屋的多功能利用问题相对复杂，由于大多数体育场馆的附属房屋是按承办体育比赛任务的建筑要求进行设计的，因此，难以适合其他经营活动的建筑需要。另外，附属房屋在非比赛期间如何利用才能产生最大的经济和社会效益，也是需要认真研究的问题。由于每个场馆所处地理位置不同，服务对象不同，群众的消费需要和水平也不相同，所以，确定经营创收项目的灵活性很强。例如：位于城市公路干道旁的体育设施，可设置招待所、餐厅、停车场等，为过往车辆和行人服务；位于商业闹市区的体育设施，可设置商店、酒吧、舞厅等，为休闲购物者服务；位于居住区附近的体育设施，可设置健身房、舞厅、录像厅等，为居民的文化娱乐活动服务。

无论确定哪种综合利用项目，都需在工程建设前期的规划设计阶段将其作为专题进行可行性研究及经济技术论证，并提出建筑设计要求，争取在施工时一步到位，避免二次施工改造。这样做不但节省建设投资，也可早日发挥投资效益。例如荷兰阿姆斯特丹竞技场尽管在造价上比预算的9亿元人民币高出2.74亿元人民币，但是该体育场的多功能性水平得到了大大的提高。再如，香港体育馆——红磡之所以受欢迎，除了方便的交通和灵活的市场推广方式外，就是场馆的多功能用途了。该馆除了举办体育活动外，高地面负荷的场地还可以变成溜冰场、游泳池，舞台也可以有多种不同组合方式。

多功能化设计首先体现在"一馆顶几馆用"上，虽然对单个场馆来说，投资会增加一些，但从减少场馆建设总量、减少总用地、减少总维修工作量及减少总人员编制等方面来看，特别是从节约总投资方面来看，还是非常有利的。例如，南京奥体中心在功能设计上动了很大脑筋，它是国内目前综合利用率最高的体育场馆，它很好地解决了赛后运营难题。

多功能性还要体现在商务开发理念方面。例如，南京奥体中心除了全民健身、文艺展演等常规经营手段，在商务开发上更是动足了脑筋，这在其建筑布局特色中已经明显体现出来。南京奥体中心有181个商务包厢，25个贵宾会议室；科技中心完全按照宾馆的标准设计，有107个商务套房。包厢内设有空调、厨房、卫生间，购买或常年租用这种包厢的单位，既可满足公关需要，也可作为日常办公用。奥体中心还设有64个小卖部，预留有可供2200人就餐的餐饮用房。在坡道下、大台阶下、体育场底层、体育馆三层、网球中心底层、科技中心三层，还预留了大面积的商业用房、服务用房，为以后多种经营创造了良好的可持续开发条件。

二、场馆建设一体化

场馆功能的设计还要考虑建设的一体化，一体化应涵盖体育底层的全过程，从可行性研究、规划设计、体育设施建筑与工艺设计、施工、场地建设、智能化系统、运营管理、到体育设施建设检测、体育场馆服务认证，展现体育设施建设和运营管理一体化。

三、充分重视体育工艺设计

市场化运作带来了可持续发展的理念，这也对体育场馆的综合利用提出了更高的要求。体育项目的多项目组合利用及与非体育内容的融合使用，已是体育建筑的发展趋势，这些都需要通过体育设施工艺的设计予以体现。

但是以前由于缺乏体育工艺设计机构，场馆建设管理者重视程度也不够，屡次出现体育场馆建成后不能满足体育功能要求从而无法举办比赛的事例，造成了巨大浪费。体育建筑不同于普通民用建筑，其标准化、专业化程度非常高，既要满足各项体育比赛规则对场地的要求，使功能流程设置合理，同时要统筹灯光、音响、电视转播、计时计分等专业领域，这都需要在体育工艺上充分考虑。1990年北京亚运会时所建的部分场馆由于体育设施工艺设计不完善而与奥运会的要求有很大的差距，国家需要投入大量的资金去改造才能符合使用要求。其主要问题在于设施不完备、功能用房及其流程关系不能满足竞赛需要。现在一些新建和即将建设的场馆，依然存在着这样的问题，主要是没有重视体育工艺设计。因此，体育设施工艺设计是贯穿体育场馆建设始终的核心。

四、合理进行体育场馆布局

在场馆建设布局上也要充分考虑赛后利用问题，避免赛后人去楼空。综合体育设施要尽可能地规划在学校和社区。布局在学校，无疑将会促进学校各类体育活动的广泛开展,使青少年受益。布局在社区里,能够保证在赛后成为社区居民廉价的休闲、娱乐场所,这对于提高社区的凝聚力,提升居民对社区活动的参与度,进而增强居民的民主意识,提高社区的社会管理能力是非常有用的。

南京体育场馆的兴建就与过去完全由政府包下来的做法不同,而是采取了"10+2"场馆建设模式,"10+2"模式就是建设10个市级场馆,配套2个区级场馆。"10+2"场馆在十运会期间供参赛的运动员使用,十运会结束后则主要为老百姓服务。例如,秦淮区全民健身中心开办游泳、球类、棋牌、武术、健身、滑冰等16个运动项目,吸引了众多市民前来活动。

五、利用环保设计节省运营开支

在体育场馆的设计、建设中还要注重环保,以便为今后的场馆运营节省开支。体育场馆的高额维护成本是暗藏在水面下的冰山的一部分,一旦体育场馆开始运营,这种高额成本的大部分用于能源。因此,如果能减少投入建筑中的能源使用量,既能更好地保护环境,又有更好的机会去实现经济可持续性发展。

与世界上其他任何地方同等规模的体育场相比,澳大利亚体育场之所以被称为绿色体育场,是因为它降低了30%的能源消耗。该体育场有一系列融合到体育场设计中的环保措施。例如,体育场通过回收大量的水,将其贮存在体育场内的大水池中,可减少使用20%的自来水;用自然的通风换气代替空调装置,可减少大量的电力支出。

北京奥运场馆"水立方"是奥运场馆中的用水大户,但能采取全自动控制技术。例如,游泳池换水采用全程自动控制技术,提高净水系统运行效率,降低净水药剂和电力的消耗,可以节约泳池补水量50%以上。洗浴等废水可经过生物接触氧化、过滤,再用活性炭吸附并消毒后,可用于场馆内便器的冲洗、车库地面的冲洗以及室外绿化灌溉。为尽可能减少人们在使用时水资源浪费,"水立方"对便器、沐浴龙头、面盆等设备均采用感应式的冲洗阀,合理控制卫生洁具的出水量。这些技术使泳池节约了一半以上的水。

第四节 大型体育场馆的赛后运营

一、重视场馆经营管理队伍建设

体育场馆运营是专业性很强的工作，包括增加经营收入和提升场馆管理、维护水平，降低运营成本等多个方面。面对新形势的要求，必须重视场馆经营管理队伍建设。作为场馆经营者，首先要解放思想，增强市场意识、竞争意识、主动营销的意识。同时结合各地的实际情况，开发新的服务领域，综合运用设施出租、俱乐部会员收入、商品销售、赞助收入、出售场馆冠名权等多种方法，提高经营收入。还要有效地提高场馆利用率，提高专业化管理和维护水平。还应采纳科学合理的商务运作模式，重视媒体合作，积极开展商业推广等。可见，体育场馆的经营管理需要高水平的专门人才。

二、开展多元化经营活动

要提高场馆的使用率，必须开展多种经营活动，通过职业俱乐部、音乐会、展览、汽车电影院、演出等来提高吸引力；同时也要增加使用面积，开辟酒吧、包厢、博物馆、影院、会议室等满足不同群体的需要。在筹建、设计之初，必须对场馆做多元化定位，为日后的经营管理提供更多的可能性。体育经营项目只有多样化、大众化，才能充分挖掘体育项目的商业价值，赢得更大的市场空间和经济效益。

三、经营管理实体化

体育场馆作为体育产业的前置产业，它们"一次产出"（建设）和"二次转化"（经营管理）的特点非常突出。过去由于重视不够，一些由国家财政拨款、社会集资，无偿使用划拨土地建造的公共体育场馆，在完成其特定使命之后，没有充分体现其使用价值，反而成为管理者的负担、所有者的包袱，这明显不利于体育产业的良性发展和大众小康体育目标的发展进程。

体育场馆经营管理应该组建大型专业管理集团作为管理实体，实现体育场馆的区域化和集约化经营管理，发挥场馆最大的使用价值和经济效益。这种大型专业的管理集团必须具备实体化、市场化、经营化、专业化、独立性、制度化等特征，严格按照企业ISO9000体系中的质量管理体系认证的标准组织经营管理活动，使企业的发展进入良性的经营循环。近年来，类似饭店管理集团的体育场馆经营管理公司或体育场馆运营咨询机构已经在国内兴起，出售场馆冠名权等经营方式也更多地被各地采用。

四、体育场馆走市场化道路

大型体育场馆建设往往需要巨额的资金投入，从土地购置、场馆设计施工到内部设施配备等环节都耗资巨大。而通过市场化运作，可以吸引社会资本参与，将部分资金压力转移给企业或私人投资者。这些投资者通过运营体育场馆来获取收益，从而减轻了政府的财政负担，使政府资金能够投入其他公共服务领域，如教育、医疗等。

同时，市场化机制能够引导体育场馆内的资源向更高效的方向流动。在场馆设施的更新方面，企业为了提高场馆的竞争力，获取更多的市场份额，会根据市场需求优先投入资金升级最受欢迎的设施。如果健身市场需求旺盛，场馆运营企业可能会加大对健身器材的更新投入；如果大型文艺演出较多，就会着重升级舞台灯光、音响等设备。同时，市场化还可以促进人力资源的优化配置，企业可以招聘专业的运营管理、营销和技术维护人才，提高场馆的服务质量和运营效率，为体育场馆的发展注入活力。

第十章 体育场馆赛后经营管理——以"十四运会"为例

第一节 大型体育场馆赛后开发利用的意义

对于能举办"奥运会""亚运会""全运会"等大型赛事的城市来说，在赛前和比赛期间固然能为该城市带来巨大的经济收益和人口流量，但是，高规格、大规模的赛事同样意味着资金投入大、要求高、筹备时间长、举办时间短等这些特点，这就可能造成赛后大量设备赛后闲置。学界对这种运动会后给当地经济、环境、人文等多方面造成的深刻影响总称为"后运动会效应"。

主要体现在，运动会后大量体育场馆和设施被闲置或利用不足。所以说，运动会后体育场馆的开发和利用问题尤其重要。如何把这些资源可持续利用起来，如何真正能够普惠到千家万户，如何有效推动当地的国民体育事业发展等这些问题都特别值得探究。

大型运动会体育场馆在赛后利用率的高低，与距离中心区远近、交通方便程度、费用高低、规模大小有关，也可能是受运营组织、对外开放度、活动多少、赛事有无吸引力因素的影响。历史上不乏场馆建设与赛后利用正反面实例。国际奥委会主席雅克·罗格先生曾说"大家总想修建宏大而昂贵的建筑。对，比赛场地在比赛时爆满，而且门票收入对主办者很重要。但是，我们应该仔细考虑一下，能否把比赛场地修建得恰如其分，在赛后仍能使用。"① 成为指导现代大型运动会场馆建设和赛后开发与利用的基本思想。现代大型运动会场馆，特别是产生以大规模体育场馆群为主体的体育公园后，建设规模与赛后开发与利用的难度不断加大，使得举办城市在运动会申办期和建设期就必须要考虑到场馆的赛后开发与利用。

历史上许多运动会都存在场馆经营管理不善导致政府财政负担的问题，很大程度上归咎于举办城市对于现代体育场馆发展规律的认识不足。体育场馆的赛后开发与利用已成为一个世界难题和制约体育运动健康发展的重要因素，引起体育界的高度重视。运动会场馆作为运动会主要的物质遗产，只有通过赛后的开发与利用才能赋予其活力，而只有"活"的遗产才能带给人们鲜活的记忆。从属性来说，运场馆属于大型体育建筑，是承载体育、文化、娱乐、商贸、政治、宗教等节事活动的物质载体。

21世纪以来，越来越多举办城市都力图在最大限度上将大型运动会和运动会场馆建设纳入城市发展蓝图，改造落后地区，带动不发达地区的发展，给市民提供更多的进行体育活动和丰富文化生活的空间。因此，从体育经济影响的角度，运动会场馆的赛后开发与利用与"后运动会经济低谷"出现与否具有相关关系。历史上出现了许多由于场馆建设投资巨大而赛后运营不善，举办城市在运动会后的几年跌入"后运动会经济低谷"的教训，经济发展缓慢甚至停滞。所以赛后场馆的运营管理问题就成了各大运动会主办方和主办城市亟须解决的问题。

一、实现投资成本回收

为了举办大型体育赛事，会新建诸多体育场馆，但往往需要花费很多财政投资或上百亿元的财政投入，这是非常大的一笔成本。陕西省举办的全国第十四届运动会，新建及改造了多个体育场馆，比如有延安大

---

① 季成. 冬奥简史·冬季奥林匹克运动的人文解读 [M]. 北京：北京联合出版公司，2021.

第十章 体育场馆赛后经营管理——以"十四运会"为例

学新校区体育中心（负责乒乓球赛事）、位于宝鸡的足球场（负责足球赛事）、位于铜川的铜川体育馆（负责篮球赛事）、位于汉中的跆拳道比赛场馆、位于渭南的渭南师范学院体育馆、大荔沙苑的沙滩排球场、渭南市体育中心的体育场及体育馆等。为了举办十四运会一共新建和改造体育场馆54个，预计投资202亿元。对于地方政府而言，大型体育场馆承办体育赛事，赛事本身所获得的收益，往往是无法实现建设成本回收的，相当一部分都会面临财政亏损的问题。因此，在举办大赛之后，对体育场馆进行开发利用，投入商业使用，通过各种商业活动的承办，继续获得收益，这样一来可以不断获得经济收益，实现建设成本的回收。只要经营得当，不仅可以实现投资成本的回收，还能获得额外的财政收益。

二、发挥体育场馆的服务功能

大型体育场馆的一大特点，就是具有很大的占地面积，而且具备相应的功能，如观众看台、灯光、监控等，各项基础功能都是非常完备的。通过开发利用，可以将大型体育场馆的服务功能发挥出来，服务于很多需要大型场地的商业活动或是公益活动。

以西安奥体中心体育馆为例，体育馆建筑面积10.8万平方米，地上5层。主体建筑高41.6米，建筑周长709米、建筑直径226米，可举办篮球、手球、羽毛球、乒乓球等国际重要比赛，也满足大型演艺活动的使用需求。除了具有高标准的体育配套设施，还围绕空间打造全新的现代化绿色场馆，这里四季如春让观众与大自然融为一体。

西安奥体中心体育馆采用双层经纬式网架结构，跨度大、含钢量低，实现了快速施工的目的。在这座体育馆可以举办篮球、冰球、体操、击剑、乒乓球、羽毛球等16项国际级别的赛事。体育馆在设计之初就考虑了比赛、演艺等多重需求，可快速从比赛场地转换成演艺场地，大大提高了场馆的使用率，充分实现了赛、演、展的高效转换。

篮球和冰球场地快速转换是西安奥体中心体育馆最大的亮点。篮球场可以在 48 小时内转换为 1800 平方米的冰场，这也是西北地区目前面积最大的冰场。如果要在冰球比赛后很快举行篮球比赛，体育馆可以在短时间内在冰面铺设专业木地板，迅速转换成篮球场地，这在国内也是首创。

另外，在当前的体育场馆开发利用中，将场地提供给音乐歌手举办演唱会，就是比较成熟的利用方式，这既可以解决举办演唱会的场地和服务问题，也能相应带来经济收益。此外，还可以用于举办各种其他的活动，如展览会、公益宣传等。通过承办各种民间活动或商业活动，可以将体育场馆的服务功能进一步发挥出来。

三、解决群众的体育消费需求

从社会层面来说，目前群众在体育方面的需求不断提升。通过新闻媒体报道可以得知，民间体育资源较为稀缺，尤其是体育活动场地存在不足，这也引发了不少问题，比如对于体育活动场地的争抢、体育活动和居民生活的矛盾等。人们日渐提高的体育需求或体育资源缺乏的现实矛盾，这让大型体育场馆具备了用武之地。通过对大型体育场馆进行开发利用，可以将场馆内的场地、体育设施等面向社会公众有偿开放，这样既能解决社会公众的体育消费需求，又能将闲置场馆利用起来，发挥出切实的作用。

西安市正处于经济高质量发展的阶段，人民群众的物质水平在不断地提高，对健康和休闲的需求日益增强。扩大场馆对社会的开放程度，不仅能提高赛后体育场馆的利用效率，也能满足人民群众对健身的需求。

积极开展各类体育培训，满足人们对不同类型运动和休闲的需要。随着社会多元化的发展，人民群众的爱好也呈现多样性。体育场馆应根据自身特点开展不同类型运动项目，包括受众较少的体育项目，提高场馆利用，满足人民运动需求。

不仅可以开展青少年的体育培训项目，同时还可以开展中年、老年

第十章　体育场馆赛后经营管理——以"十四运会"为例

体育培训项目，特别是中年女性和老年体育培训项目，使得其既有参加体育运动的条件，也有参加体育运动的需求。

第二节　"十四运会"场馆赛后开发和运营

第十四届全国运动会已圆满落下帷幕。为做好场馆的赛后运营管理，最大限度地发挥场馆综合效益，实现全运惠民，进一步释放全运会赛后效应，提升城市体育产业发展水平，促进国家中心城市建设，陕西省政府办公厅下发了《西安市十四运会场馆赛后运营管理指导意见》。

明确指出要将赛事功能需要与赛后利用有机结合，按照"赛后利用一馆一策"的原则，因地制宜开发场馆资源，创新十四运会场馆运行体制与管理机制，在保障市民日常健身需求的同时，充分发挥大型体育场馆及其附属设施对体育产业发展的牵引孵化作用，积极探索体育产业与文化、旅游、康养等相关产业融合发展的新模式，增强大型体育场馆综合经营能力，最大限度实现国有资产保值增值。鼓励采取公开招标方式筛选运营团队，鼓励委托第三方企业负责运营政府投资新建的体育场馆，鼓励场馆运营实体通过品牌收入、管理输出、资本输出等形式实现规模化、专业化运营。同时，采取专项补贴、购买服务等多种方式，最大限度满足人民群众的健身需求，力争把十四运会场馆打造成全民健身新热点、经济增长新引擎、城市发展新名片。

十四运比赛结束后，西安一些公共体育场馆逐步对大众开放，如西安奥体中心、城市运动公园、阎良区极限运动中心等比赛场地等。但从承接十四运比赛的西安高校体育场馆表中（表10-1）可以看出，西安体育学院场馆对外开放外，但运营管理办法相对粗放；西安电子科技大学体育馆没有对外开放机制，只是由后勤代为管理，偶尔以租赁形式出租场地；其他场馆一直未对外开放。赛后高校体育场馆仅作为校内大型室内场地，进行简单的室内体育教学、校内师生体育锻炼、举办晚会、典礼等，没有得到充分的利用。高校作为特有的事业单位，有中央部属高校，有省属高校，虽然高校体育场馆的建设，有政府拨款资金，但场馆建设各高校也投入了大量的自有资金。承担十四运比赛后的高校体育场馆，有着服务教育及社会的公益性质，但也面临着资金压力及后期运营维保等问题。

表10-1 第十四届全运会西安高校体育场馆一览表

序号	场馆名称	比赛项目	开放状态	运营管理办法	备注
1	西安体育学院手球馆	手球	非教学时段对外运营	管理办法粗放	新建场馆
2	西安体育学院曲、棒、垒、橄榄球四场地	曲、棒、垒、橄榄球	非教学时段对外运营	管理办法粗放	新建场馆
3	西安电子科技大学体育馆	羽毛球	非教学时段对外运营	无	改造场馆
4	西北工业大学翱翔体育馆	女子排球	否	无	改造场馆
5	西北大学长安校区体育馆	蹦床、艺术体操	否	无	新建场馆
6	西安工程大学临潼校区文体楼	空手道	否	无	新建场馆

第三节 "十四运会"赛后体育场馆运营问题分析及策略研究

一、"十四运会"赛后体育场馆运营问题分析

（一）场馆功能单一，使用效率低，资源浪费严重

不同的比赛场馆，承接十四运不同的比赛项目，因此无论是新建场馆，还是现有改造场馆，都有针对性的设计和建设。十四运比赛场馆等级虽高，但满足特有的比赛项目功能相对单一，尤其是有些冷门的比赛项目，如手球、空手道等，日常这种比赛项目较少，群众基础较低，所以比赛结束后场馆很难做到高效率利用，在选择开放方式及项目上也比

较单一，进一步影响了场馆赛后利用工作的推进。

（二）场馆对外开放力度小，缺乏专业人才及行之有效的运营管理办法

对于大型体育场馆的开发利用，目前处于起步阶段，而且缺乏完善的政策引导和制度支持，这是相关单位和管理者在赛后开发利用这方面的理念不强。缺乏相应的理念支持，这就导致赛后开发利用缺乏相应的导向，从而让相关工作的开展陷入停滞的状态，没有将大型体育场馆利用起来，使其处于闲置甚至是荒废的状态。

十四运后，只有少数公共体育场馆对外开放，相当一部分高校场馆未开放或部分开放。高校体育场馆主管部门一般是新校区管委会、校体育部、后勤管理处等，场馆缺乏专业的管理人才，没有完善的运营管理办法、行之有效的市场运行管理机制，加上个别学校经费紧张，造成场馆的物业管理费、水电费、日常维护费都难以支撑，更谈不上场馆的可持续发展和利用。

从当前大型体育场馆的开发利用来讲，很多时候都缺乏完善的运营机制，没有明确的运营主体，管理制度不完善，配套服务机制也缺乏，这就导致难以将大型体育场馆的服务功能发挥出来，不容易推进体育场馆的商业化运营。

（三）服务内容不够丰富，社会俱乐部竞争压力大

目前不少体育场馆的开发利用，都表现出利用形式单一的问题，就是局限于某些单一的利用形式，未能构建起多元化的利用体系。有的体育馆主要是承办大型商业活动，如演唱会、展览会等，然而这种大型商业活动，一年中举办的次数很有限。在不举办活动的时候，就出现了场馆闲置。所以，要构建起多层次、多形式的开发利用方案，让大型体育场馆可以在赛后持续性创造价值。

随着人们对生活质量要求的提高，对环境氛围、相关配套服务需求意识自然就有所提升，而高校体育场馆大都在新校区，只能满足常规性体育锻炼、比赛及教学，服务内容不够丰富，尤其是社会健身俱乐部的

发展，有着交通便利，服务内容丰富，环境清新（音乐、畅饮等）等优势，这对于高校体育场馆的开放运营无疑是一种难以对抗的竞争压力。

二、"十四运会"赛后体育场馆开发利用策略

（一）强化赛后开发利用理念，做好整体利用规划

要做好大型体育场馆的赛后开发利用，这需要相关单位和负责人，树立起赛后开发利用的根本理念。这就需要对大型体育场馆开发利用的作用价值形成认识，理解其可以在经济回报、社会服务等方面所发挥的作用，从根本上认识到开发利用大型体育场馆的现实意义。在此基础上，还需要落实一些相关的工作，比如：对大型体育场馆的产权归属，要进行确权，明确体育场馆的产权到底属于哪个单位，确定产权归属。要建立专门的开发利用工作队伍，专项负责大型体育场馆赛后开发利用工作的开展进行。

（二）完善赛后场馆的使用功能，打造多变场馆，提高场馆利用率

做好整体性的开发规划是大型体育场馆赛后开发利用需要做好的首要工作。这就要从整体角度出发，对大型体育场馆开发利用的主要方向予以确定。因为从实际来说，大型体育场馆的建设环境存在差异，有的位置远离市区，有的处于大学校园内。不同的场馆时空环境，会影响到场馆开发利用的规划。同时，体育场馆本身的体育功能类型、规模大小等，也会影响到其开发利用。所以，首先，需要对大型体育场馆的定位予以确定。其次，在明确定位的基础上，要结合大型体育场馆的基本条件，规划相应的开发利用方案。比如：对于距离市区较远的体育场馆，由于距离普通居民较远，因此民用开发较为困难，这就应该以商用作为主要方向。而对于位于市区内的体育场馆，便可以兼顾商用和民用，从两个方面出发综合规划开发利用方案。而对于位于校园内的体育馆，则需要以教育教学和民用两个方向进行开发利用的方案规划。

(三）完善赛后场馆的使用功能，打造多变场馆，提高场馆利用率

在大型体育场馆的赛后开发利用中，还需要建立完善的开发利用机制，确保开发利用工作顺利进行。第一，要以国家政策为导向。比如：在 2010 年，国务院办公厅就下发了《关于加快发展体育产业的指导意见》，其中就指出要将闲置体育场馆开发利用。第二，要建立完善的运营体系。大型体育场馆的开发利用，运营体系一般有两种模式：一种是自运营，也就是产权拥有者自行运营；另一种是代运营，也就是产权拥有者，将运营权交给专业的企业来进行运营。对于自运营和代运营两种方式，都要建立起相应的运营体系。第三，构建配套的服务机制。大型体育场馆的开发利用，还需要一些配套服务，这根据开发利用形式的不同，配套服务需求也不同。这需要运营者根据实际的开发利用形式，构建起相应的配套服务机制。

在第十四届全运会比赛结束后，高校体育场馆可以进行内部适当改造，建设成学生体育培训基地，开设健身房、舞蹈房、活动室来满足不同人群体育运动的需求；同时完善健全健身设施，发展大众性运动项目，如羽毛球、乒乓球、篮球等；也可以利用高校体育教学的优秀资源，专业教师指导，开设瑜伽、高温运动等项目，吸引社会人群；另一方面，随着青少年体育培训的发展，在假期可以将场馆租赁给社会体育培训机构，承办体育培训和比赛，来获取一定的经济效益。

(四）丰富服务内容，多元化利用发挥最大价值

大型体育场馆的赛后开发，还应当遵循多元化的原则，尤其是要跟上社会发展潮流，结合一些新热点、新潮流来开发利用体育场馆。在商用开发方面，除了承办演唱会、展览会之外，还应当关注近些年流行的电子竞技，可以举办线下电子竞技直播活动，吸引受众参与。还可以举办观影会、动漫节等新颖的活动，充分发挥出体育场馆的商业价值。而在民用方面，可以对体育场馆重新进行功能分区，分别设置不同的体育

项目活动场地，提供给人们有偿使用。同时，还可以开设相应的体育专业教育培训，基于场馆发展体育培训产业。此外，还可以依托网络直播、短视频等媒介，利用体育场馆开展体育直播和宣传活动。

（五）以体育发展为导向，融合区域特色，促进多产业融合发展

《体育强国建设纲要》提出，到 2035 年体育产业成为国民经济的支柱产业，这一目标的实现需要体育产业与相关产业进一步融合发展。体育与旅游在资源、市场、产品、服务等各方面相融相通，特别是在乡村振兴背景下，体育观赏、运动体验等体育消费与旅游休闲的紧密结合，为乡村振兴提供了内生动力和经济支撑。西安作为全国重要的旅游城市，文化历史资源丰富，而西安高校在一定程度上也承载了这座城市的文化底蕴。因此，西安高校体育场馆，要以体育发展为导向，融入学校特色，开办文化学术展览，开发场馆品牌文创产品。如西安工程大学临潼校区文体楼场馆，地处西安市临潼区，有着兵马俑、华清池、骊山风景区等优秀的文化旅游资源，可以借助其地理优势，融入区域特色，促进多产业融合发展。

参考文献

[1]张劲松,张树巍.高校体育管理理论与实践[M]沈阳:东北大学出版社,2016.

[2]高晓光,季磊,张燕,杨晓东.体育管理[M]北京:经济科学出版社,2015.

[3]张春萍.体育赛事管理教程[M]北京:经济管理出版社,2016.

[4]夏正清.体育产业经营管理[M]西安:西安地图出版社,2011.

[5]曹可强.体育产业经营管理[M]北京:高等教育出版社,2017.

[6]肖林鹏.现代体育管理(第3版)[M]北京:北京体育大学出版社,2015.

[7]张瑞林.学校体育管理学[M]北京:高等教育出版社,2014.

[8]曹可强,席玉宝.体育产业经营管理[M]北京:高等教育出版社,2017.

[9]谭建湘,等.体育场馆经营与管理导论[M]北京:高等教育出版社,2014.

[10]史红强.体育管理学[M]成都:成都时代出版社,2020.

[11]马逸云.现代体育管理核心原理的剖析[M]北京:九州出版社,2015.

[12]韩思音.体育管理信息系统[M]上海:复旦大学出版社,2013.

[13]韩开成.体育管理学[M]重庆:重庆大学出版社,2019.

[14]祁社生.体育管理学[M]上海:上海科学技术文献出版社,2017.

[15]盛冀萍.实用体育管理学[M]昆明:云南科技出版社,2017.

[16]张娟,李小涛,商利.体育管理学理论与实践研究[M]北京:现代教育出版社,2013.

[17]董大志,周余,陈维富.现代体育教学管理探索与课程实务研究[M]北京:中国书籍出版社,2016.

[18]喻丙梅.现代体育产业的优化管理研究[M]北京:中国水利水电出版社,2018.

[19]魏建军.现代体育产业发展理论与经营管理研究[M]北京:地质出版社,2019.

[20]李浩.现代化进程中社会体育的发展及组织管理研究[M]北京:九州出版社,2015.

[21]彭圣致.现代体育经济的多维度发展探析[M]北京:中国经济出版社,2020.

[22]许赛赛.体育产业经营管理理论研究与实践探索[M]北京:中国经济出版社,2020.

[23]赵广,黄宏远.体育场馆智能化[M]武汉:中国地质大学出版社,2018.